天津皇会

中营后同乐高跷老会

文化遗产档案丛书

冯骥才 主编

蒲娇 唐娜 著

张礼敏 王晓岩 摄影

山东教育出版社

中营后同乐高跷老会前身为京城紫云高跷，立会于乾隆五年。同乐高跷演绎的是水泊梁山英雄聚义的故事，有严格的技艺规范和传统唱词。武松、王英、石秀、顾大嫂、扈三娘、施恩、孙二娘、肖恩、王婆、郭哥、肖桂英、李逵、燕青、时迁十四位角色各形各色，让人惊叹，让人捧腹。同乐老会有绝活儿「拉骆驼」，演员层层相叠仍可前行，人称「活骆驼」。

本丛书为国家社会科学基金艺术学项目
"现代社会转型期天津皇会的研究"系列成果之一

丛书编辑委员会

总序

文化存录的必要

冯骥才

在时代急骤转型时，一部分民间文化的消失在所难免。

这种消失，有的是物换星移与新旧交替之必然，有的则因为失去了存在的土壤，无法再活下去；这是一种无可奈何花落去，一种在时代更迭和进程中的"正常死亡"。

当然还有一种"非正常死亡"：或由于利益驱动，自我割除；或由于浅薄无知，信手扬弃；或由于对致富的心情过于急切，草草处决了历史生命。故而，对于现存的活态民间文化遗产，我们必须抓紧做的事：一是力保，一是存录下来。

存录，就是在一项民间文化（即非物质文化遗产）尚在活态时，抓紧对其进行全面的田野调查，同时运用各种技术手段，尽可能将其完整地、客观地、详实地记录与保存下来。存录的目的是把动态的、不确定的、分散存在的、保留在人们的记忆、行为或口头上的文化遗产，采集下来，进行科学整理，从而为该遗产建立一份永久性的档案。

这样做的目的，一方面使我们对自己的遗产有完整而清晰的认识，有了必备的文献性的依据；一方面在其不可挽留时，还备有一份历史存照，不致烟消云散，化为乌有。这既是对遗产的科学态度，又是对历史创造应有的尊重，也是遗产学的工作之本。

十年来，存录的做法一直贯穿在我们文化遗产抢救的始终，如在中国木版年画、剪纸、唐卡、泥彩塑等诸多方面都进行了系统的存录和建档的工作。历史上，我们对民间文化多是成果或作品的采集。很少通过人类学、民俗学、历史学、民艺学等多学科的交叉和综合角度，进行整体的考察与田野记录，很少使用口述调查与音像记录等手段。这种方法是我们在社会转型期间，对中华民族的历史创造进行地毯式田野抢救时所采用的一种创造性的学术方法。在2009年举行的"田野的经验"国际会议上得到与会各国专家的公认和肯定。

十年来在全国各地已有很多学者与专家对某一专项民间文化遗产抢救时，也使用了这种方法。

这里则是对国家非遗的"皇会祭典"进行了如是的调查、整理和存录。

曾经兴盛于北方重镇天津、从属于妈祖祭典的皇会，具有深厚的文化内涵，浓郁的历史情韵，严格的程序套路，高超的表演技艺与强烈的地域精神。我国民间花会遍布民间，呈现于各地庙会与民间节庆中，像天津皇会这种大规模的都市民俗尚不多见。尤其令人惊讶的是，在当代都市大规模改造和居民动迁之后，这种民间结社性质的许多老会，依然"气在丹田"，凝聚不散，自行组织，自发活动，并没有被商业化，依然朴素地保持着民间文化的纯正性，为当今社会所罕见。表现了这一地域文化曾经扎根于民间之深之牢。同时我们也看到，在现代强势的都市文明的冲击下它面临的黯淡的前景与日渐消解的现实。为此，为这一城市的历史文化遗产建立科学的文化档案是我们必需承担的使命。

天津皇会始于清初，每年阳春三月海神妈祖诞辰吉日举行庆典，城郊各会齐聚天后宫，上街巡游，逞能献艺；一时城中万人空巷，会间百戏杂陈。极盛时期各类花会多至千余道。三百年以来，时代变迁，社会更迭，及至"文革"后百废待兴之时，尚存近半；然而，它所经历的最大的挫折应是近三十年的现代化冲击，致使当下仅存的老会不及百道。对其进行调查、整理、研究、存录及保护，给予主动和积极的学术支撑，都是刻不容缓的事。故此，我院一边将"现代社会转型期天津皇会的研究"作为重点科研课题（已列入国家社科基金学术研究项目）；一边对重点老会开展调查，逐一建立档案。本书便是该档案的文字与图片部分。

此次为皇会立档，一要做史料考证，二要做田野调查。前者求实，后者求真。对每道皇会都涉及其历史沿革、重要人物、技艺特征、音乐曲谱、器物种类、文献遗存、会规会约、传承谱系等等，这些历史上都鲜有记录。调查与印证之难自不必书，存录的价值与意义自在其中。应该说对这一历经数百年极具特色的民俗文化，在其濒危之际，将其完整又详实地存录下来，亦是一个小小的历史性的贡献。

我很高兴，这项工作已被我院一些年轻的师生承担起来了。由于他们此前完成了"中国木版年画传承人口述史丛书"，我相信这一套天津皇会档案能达到应有的文化质量与价值。

文化的存录对一个民族来说，是记忆，是积累，是面对过去、更是面对未来必须做好做细做扎实的事情。

是为记焉。

2013年5月31日
于天津大学冯骥才文学艺术研究院

目录

第 一 章

源起、沿革与文化空间

一、缘起、沿革与文化空间

1. 社区历史文化概况

明永乐二年十一月二十一日（1404年12月23日）天津正式筑城，是中国古代为数不多的有确切建城时间记录的城市。由于边防军事的需要和政治中心转移至北京，致使官府朝臣日益增多，粮食需求不断增加。随着水运的发达、货物的丰富、贸易的兴盛，天津本地人口大幅增加，并吸引着其他地区的民众与商人迁徙于此。至迟到明中叶，天津已和运河南端的杭州并驾齐驱，成为运河北段的新兴商业城市及重要的商品集散中心。与之相匹配的是，天津集市和商业区规模的日渐扩大，在三岔河沿岸的天后宫附近和北门外的沿河地区逐渐形成城市重要的商业中心。

老城厢是天津旧城所在地，在悠久历史长河中凝结成了天津人的一种情结。600多年过去了，老城厢历尽风雨沧桑，见证了天津城市的发展和变迁。民间有这样一首民谣，讲述着老城厢的历史和格局："明鼓楼，建城中，东西南北四门通；东门里，有文庙，两边行走是箭道；西门里，设中营，镇台公署有总兵；南门里，明大庙，涌泉寺内泉水冒；北门里，三仓廒，镇仓护饷关帝庙。"鼓楼，是在高的建筑物上置鼓，夜间按时击鼓作为更时，可以司晨昏。唐朝的制度，鼓楼必须建在城的中央，可以使四方听到更鼓的声音。明代天津设卫仍按唐制，在城中央建鼓楼，楼底设四通的券门，可直通东、西、南、北四个城门，楼上高悬铁钟。每晨五时左右钟响五十四声，驻军以炮相应，开启城门。入夜二十一时左右钟响，炮声随应五十四声，关闭城门。接连再起的是打更的梆声，使驻军及民众时刻戒备严守卫城。[1]鼓楼易钟虽名不副实，唯钟声远传十数里，也起到更鼓的作用了。有楹联可证："高敞快登临，看七十二沽往来帆影；繁华谁唤醒，听一百八杵早晚钟声。"

这"西门里，设中营"，正是中营后同乐高跷老会的会名渊源。明、清两代高级武官管理军务的衙署，始终设在城中部北侧，地址在镇署大墙胡同以东，明称"镇守天津总兵官署"，清称"天津镇总兵官公署"。民间称"镇台衙门"或"镇署"。清咸丰年间又在镇署以西设城守营总营及

鼓楼是老城厢的中心

1. 详见《南开区志》，天津市南开区地方志编修委员会，天津市社会科学院出版社，1998年。

左、右营，设神机营（神机库）储备军械武器。总营位于中部，故称中营。老城厢以衙署或屯兵址得名的胡同还有探访局胡同、府署西箭道、右营东箭道、中营前箭道、中营西箭道、户部街、城守营后等。

今中营小学利用原旧卫营地建校，建校时曾出土铁炮五尊，弹丸百余，确为遗址无误。这所于1906年建成具有悠久历史文化传统的学校，也是天津最早的官办模范小学，百年来与中营后同乐高跷有着密不可分的联系。中营小学在地理位置上是老会会员分布的中心，同乐老会的成员大都在这里接受启蒙教育，而老会的传艺、操练也常利用校舍的墙壁和操场。

包括同乐高跷老会在内，民间会组织曾经给老城厢人民的生活带来了许多欢乐。据民间口传，在天津会组织发展的鼎盛之时——清代康乾时期，此地的民间会组织曾达二十余种、一百多道，有龙灯会、狮子舞、法鼓、高跷、中幡、挎鼓、门幡、单伞秧歌、宝鼎、接香会、杠箱、旱船、小车会等。然而，史籍记载的相关资料却十分有限，据《南开区志》记载：1978年后，一些传统老会重整旗鼓，恢复活动。其中有东南角街道的"混元盒高跷老会"、"全龄京秧歌会"，西北角街道的"同乐高跷会"、"卫龄高跷会"，西南角街道的"民乐高跷会"，南门西街道的"乐胜高跷会"、"云乐高跷会"、"四杰村高跷会"，西门南街道的"云胜高跷会"等等。[1]作为文化中心，老城厢中的花会比较集中，并且本地居民引以为豪地认为，城里的会比城外的会更讲究规矩做派，由于有大买卖家的支持，城内花会的服装和执事也更加讲究。

而老城厢一带在蒙受1900年八国联军破坏后，1912年又遭"壬子兵变"劫难。老城厢的富商贵族竞相逃往租界，以求平安。自此，老城厢的辉煌成为过去，逐渐衰落。至20世纪50年代，老城里中营一带的百姓主要靠小买卖和做工匠为生，卖菜、卖鱼、摊煎饼果子、泥瓦匠、棚

---

1. 详见《南开区志》，天津市南开区地方志编修委员会，天津市社会科学院出版社，1998年。

匠、电工、木工、油漆匠等五行八作都有。同乐老会最后一任会头李凤
龄原是瓦匠，回忆当年一起出去做活的，常常都是会里的人。

2001年9月，鼓楼重建竣工并作为天津"危改"纪念馆。2002年9月
鼓楼商业街东街、北街、南街建成开街。2003年6月至10月，老城厢整体
拆迁工作完成。《津门保甲图说》所绘的城里近百条胡同，积淀了天津
老城的历史、文化、民俗、典故，随着老城改造，这些地名在天津市的
版图上永远消失，老城成为永恒的记忆。

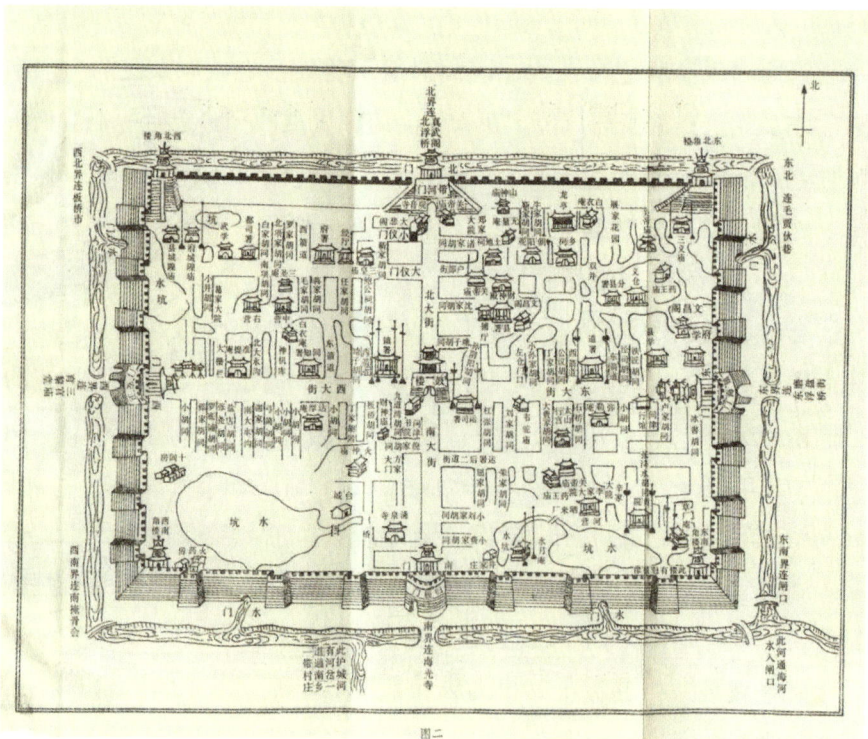

清代天津城内图（摘自《津门保甲图说》）

二、老会起源、发展与变迁

1. 老会的起源

同乐高跷的前身是老紫云高跷，相传"老紫云"来自京城皇宫，表演者都是十多岁的童子，曾参加过两次皇会。从前，中营一带曾有紫云高跷、紫云法鼓、紫云中幡、紫云挎鼓、紫云狮子多道老会。紫云高跷由于会内人员意见不合，逐渐解散。

同乐老会20世纪60年代合影，为会中"文革"后唯一留存下的老照片

后老紫云成员各自组会，分别成立了全龄、同乐、乐胜三道高跷会，最先成立的是西门内全龄京秧歌会，由十个角色组成，表演故事是《混城》。而后，相传乐胜、同乐于乾隆四年（1739）和乾隆五年（1740）先后成立。据说在信兴堂公所板桥胡同里，老乐胜的一位当家老太太，与中营忠恕堂当家的"乐二奶奶"一起打坐时，念叨高跷败了可惜，决定扶持起来。于是组织人练习，请老乐胜过来传艺，乾隆四年成立了板桥胡同信兴堂公所乐胜高跷会，表演《三打祝家庄》。乾隆五年，由紫云高跷老人郝洪年组织，乐胜高跷前来传艺，建立"中营后同乐老高跷会"后改为"中营后同乐高跷老会"。之后又传了"兴乐"、"安乐"、"云乐"等多道以"乐"字为名的高跷会，高跷会中有"乐意安然"的说法，都愿意取"乐意安然"中的一字为名。

谈起紫云，谈起皇会，这样一段故事在同乐常被不少人提起。在皇

中营后同乐高跷老会会帖及帖盒

会举行期间，各道老会在天后宫附近有临时搭棚设的下处，插有各会的会旗，做设摆及休息之用。因为高跷会间常有纠纷，为避免事端，某次皇会不设高跷的会道，不设高跷的下处。传说因为紫云法鼓、紫云中幡、紫云狮子、紫云挎鼓，跟同乐关系紧密，同属老紫云，彼此相邻近，关系融洽，表示如果没有同乐的下处，他们也不参加。于是，同乐在当年的皇会期间跟众会一起在宫北大街有了自己的栖身之地，方便会与会之间的换帖与交往。虽然这次皇会的会道表演，中营后高跷并没有参加，但却是当年唯一一道有"下处"的高跷会。这种会与会之间的守望相助，是老会最为讲究的义气使然。

2. 时代变迁

同乐老会比较鼎盛的时期，约在清末民初。老会引以为豪的是20世纪20年代的一次设摆。当时大的活动都需请棚匠搭棚，此次设摆不但有棚匠的参与，并有水会的"机子"随时待命，防止火灾。这样的水会属公益性质，也为所服务的活动提气露脸。这次设摆，支灶设饭，招待前来拜会的各类花会，由于下帖邀请的老会众多，花销也颇高。来者包括在高跷界中颇有威望的东码头百善老会，老会到来时从老城西门进入，浩荡的行会队伍一半在门里，一半在门外，表演队伍周围会员手执手旗和角质灯间隔排列，更壮大了老会的气势，见到的人过目难忘，口口相传。另有一次，被张宗昌任命为直隶省军务督办的褚玉璞为母亲祝寿，玉璞、玉凤（音）兄弟俩请了同乐老会出会庆祝。老会在表演时使出了看家本领，表演了会中的绝活儿——架骆驼。当时金刚花园是直隶省督军府，正值冬日里，海河水面早已结冰，同乐老前辈架着骆驼踩着冰过河直奔督军府。这次冰上行会表演，最后博得老太太和褚氏兄弟大悦，赏赐给了老会二百大洋。

老会的起伏兴衰与国家的命运息息相关，同其他许多老会一样，同乐老会从立会之日，时有中断，起起伏伏，一路磕磕绊绊走来。有次同乐老会设摆因耗资太高，赊账过多，只好把服装典当还账。由于当铺不收腿子和高凳，只当了服装和头面。但是老会无力赎回，就此停歇了若干年。虽然东西不在，但是地界儿和人还在，此后，油漆匠老王二（名字不详）重新立会，虽然没有雄厚的财力，靠组织大家集资，再加上来自安家大楼的资助，还是重又把会给抡起来了。

20世纪40年代末期天津"闹枪子儿"，老会也中断了一段时间，行话称"扣锣"。可会里器具均在，50年代初期，同乐重新培养一批新人，老会很快重又恢复，这是花会活动又一个小高潮。无论民间的自娱还是政府的庆典，各会出会及互相来往频繁，大家玩儿会的热情十分高涨。那个时期的天津几乎村村有会、街街有会，据会中老人李凤龄回忆，当时仅中营附近有所交往的会就有西南角全龄京秧歌老会、西南角民乐高跷老会、小马路兴乐高跷老会、达摩庵单伞老会、平安

同乐老会老相册

京秧歌老会、晒米厂梅汤老会、晒米厂永庆高跷、仓门口太平鼓老会、津道鹤龄中八仙老会、三义庙平兰京秧歌老会、老县署混元盒高跷老会、小营门口城乐文武花秧歌老会等十几道。

由于此时会组织数量较多且十分活跃，会组织间进行"联会"的活动十分频繁。1957年正月里的那次联会，至今依然深深地印刻在会员们的脑海之中，仍常被大伙儿津津乐道。大家起早化妆，十一点准时出会，先从西关街到大酒缸胡同云胜高跷，后从河东到东亚电影院，经过郭庄子、沈庄子、汪庄子，到豆腐坊胡同龙灯会、尚师父坟地同乐高跷老会、小关公义高跷老会，走狮子林桥拐到天津电影院。当时天色已晚，管事儿的问："哥几个怎么样？"大伙说："没问题，奔西码头。"于是继续行会，先拜的是掩骨会同胜文武高跷，进芦苇庵有南头窑同心法鼓老会，又到永丰屯如意西池八仙老会，表演时架起了骆驼，对方把同乐让进会所内，并演唱号佛。接着老会行会至自意金山寺高跷老会，这是一道表演《水漫金山》的海派高跷会，继而拜的是如意西游记高跷会、小西码头崇忍京秧歌会。最后到达西码头百忍京秧歌高跷老会下处

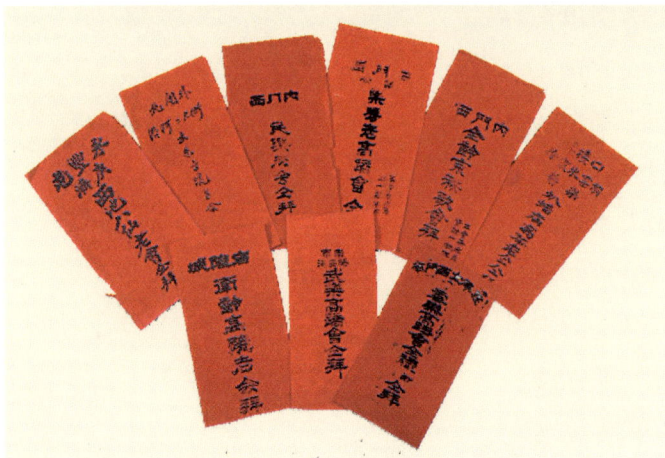

老会保存下的众会会帖

时已是夜里十一点半，围观的群众依然人山人海，不忍散去。下会返回的时候，西池八仙、金山寺、西游记、西码头各会一起送同乐

老会，几个会的挑子灯和西码头汽灯一起，照亮很长一段路程，众会将同乐老会快送到西北角才回去，会员们到家时已近凌晨四点。老人回想这段不胜感叹，那时候的人们玩儿会根本不知道累，主要是因为对会的热情和投入。

政府主办的庆典活动，同乐老会也参加过多次。20世纪50年代末参加过"自由行大检阅"，检阅台设在百货公司对面花园附近。其中有个有意思的细节，这次活动有五个高跷会参加，为方便检阅，主办方最初要求各会同样的角色一起过检阅台，即五个头棒或五个小英哥一起走过。因为各会鼓点儿不同，同时过会各会的点儿相互干扰，表演方阵就乱了，最后不得不作罢，仍旧让各道老会单独经过。同一时期老会参加的大型庆典活动还有1957年为"庆祝进入社会主义"而在南开体育场举办的"民间体育表演大会"、"抗美援朝"志愿军欢送会、新华体育场"民间艺术体育表演"、1958年在第二文化宫欢迎毛主席的庆典活动。老人们还记得参加欢迎毛主席庆典时，同乐老会入场表演的是龙摆尾的队形，虽然并未亲眼见到毛主席，但这次活动让老会会员记忆犹新。当时同乐的表演者们在天津钢厂连住了三天，由主办方负责饮食，参加天津市组织的如此大型活动，也是老会莫大的荣耀。20世纪50年代公私合营，中营一带的杂货铺、豆腐坊都变成了国营单位，个体买卖家和工匠们变成了国家工人，这一时期虽然生活上变化不小，但大家玩会儿的热情没有受到丝毫影响。

生活工作环境的变化对老会出会的安排上有些许的影响。新中国建立前，同乐一般在传统节日出会，但在春节出会的次数较少，因为正值寒冬，如果穿得太厚活动会受影响，穿少则太冷。而且，冬天气温较低，地面易结冰，踩上腿子容易打滑。因此出会时间多安排在正月十五、五月节、八月十五等节日。而1949年以后，除了政府组织的庆典活动，老会会选取法定节假日出会，如"五一"、"十一"、元旦、春节等。因为和过去从事农业生产或个体经营不同，建国后基本会员们都在工厂上班，假期时间比较统一，玩儿会的时间也有所调整。

"文革"前的各种政治运动中花会活动早已停止，即便如此仍逃不过厄运，高跷被定性为"四旧"，"文革"一开始，就有针对同乐老会的大字报贴出来了。当时会里东西存放在田五（名字不详）家，大字报便贴在田五家门口，"限××小时把会里的东西交出来，不然红卫兵要过来查封"。后来会里置办的东西被拉到了南开体育场，包括法鼓会及其他会种的东西也都聚集在一起。堆积如山的执事儿、手彩儿在长期的日晒雨淋下，逐渐衰败腐朽。许多老会的命运，也随着这些被毁掉的老物件而一起终结。同乐老会侥幸逃脱的物件仅剩一个高凳、一张照片和一个老戳子。这枚"文化大革命"中从斧下捡回的会帖印章，连带一把印帖用的麻绑的小刷子，上刻"中营后同乐老高跷会全拜"，承载着厚重的历史。

3. 复会以降

20世纪70年代末，环境逐渐宽松，在政府许可的情况下，同乐开始筹备复会。由于当时各方面条件有限，这一准备就是几年的时间，直至1983年10月1日，同乐老会才有了第一次正式出会表演。复会过程中，老会请来同乐老前辈刘金铃协助主持工作，只有老人儿在会里压茬和扶持，老会才真正能够传续下来并被大家认可。紫云老会80多岁的老前辈孙三爷就曾被请来为同乐叫过锣，

"文革"前老会帖章，上刻"中营后同乐老高跷全拜"

以证明这种继承的关系。20世纪80年代初，有的会员在第三文化宫消夏晚会表演，一为补贴家用，二为筹钱复会。由于没有钱置办行头，大家统一用白色人造棉做了服装，把青杆的衣服染成黑色。当时，上青杆的表演者姓周，因为天热，他只穿了戏服，而表演过程中身上出了很多汗，表演完脱了戏服一看，全身都是黑色的。至今，许多老人还记得这一幕，回忆起来仍心酸不已。虽然生活清贫，没有大买卖家资助，靠着会员和子弟们的支持，同乐一点一滴地逐渐置办起来。那个时候虽然人们的生活并不富裕，会员还是踊跃凑钱，有家庭条件不好的会员还赊账助会。会员们按月将钱交于会中，两年下来竟然基本上把办会资金凑起来了。当然，复会时也少不了中营后居民们的资助，当时，会头带着会员到门口街坊家去挨家挨户敛钱（至少有两位以上同行，防止财务上的作弊）。当时有这样不成文的规则，若家里老辈玩会，少辈不玩，那也得拿出钱来表示支持，这也是"子孙会"的含义之一。比如三爷不在了，只要把会帖往面前一搁，三爷的儿子或孙子也会责无旁贷地出钱助会。依靠大伙集资凑布票和赊账，会里买布做了全套服装和旗子，许多家属都参与其中，成为复会工程中的主力军。起初串珠、虎尾箍等饰品没有到位，而后一点点积累，由少到多，才有了全堂的衣饰和器具。

而在这一时期的复会浪潮中，相比以往，重新立会的同乐有了新的形势和精神，同乐老会在街道各部门批准后，老会会员的姓名、职业、家庭住址均需在附近的派出所进行登记和备案。管理上更加严格和规范，在练习时长上也有了钟点限制，以防扰民。这一时期的出会的准备工作也更加精细和完备，每次出会需经过街道办事处、派出所、交通队的批准，每个单位都需下帖，并提前将行会路线告诉对方。民间花会间的交往规则，在政府部门也是行之有效的，可见当时社会对花会的了解和认可。若行会中出问题，有存心"搅和"的，就由公安部门负责协

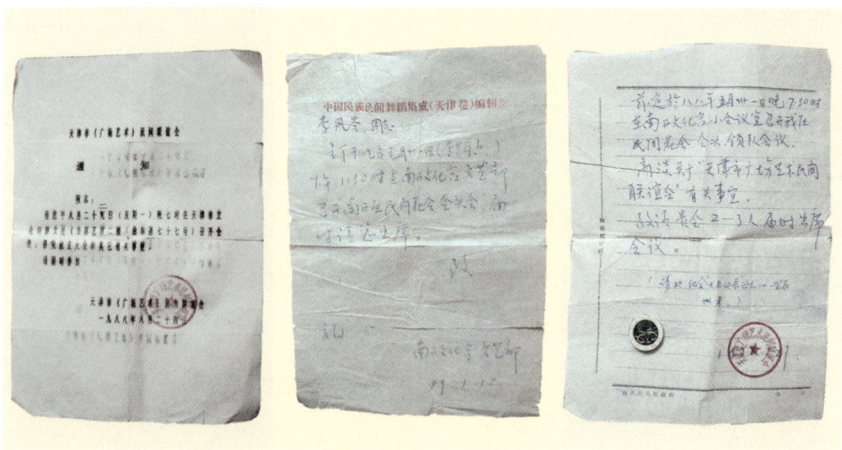

老会受邀参与各项文化活动的通知

调。每次出会前，当地派出所都公布行会的时间和路线。按照活动规模，行会时由街道或者区公安局派人维护秩序，相比以往，"搅和"的人、事大大减少。然而客观上，由于出会的程序繁冗，也妨碍了众人玩儿会的积极性。

20世纪80年代初，同乐老会曾参加了电影《闯江湖》的拍摄，地点在劝业场附近。老会的戏份在晚上，当时是完全戒严拍摄，这是老会重

同乐老会设摆留影

新复会后一次十分难得的经历。所得100元报酬，立即用于偿还复会时所欠下的债务。同时期，老会还参加了天津市商业局主办的水上公园碧波庄

消夏晚会以及新华体育场水上运动站组织的活动等，这些活动在那个时期都比较有代表性，足见老会在当时的影响力。1989年，西北角街道办事处在长虹公园举办庆祝建国四十周年庆典活动，老会共出会两天，这是同乐高跷老会最后一次应邀出会。那时出会的机会已经不多，而下岗给大家带来的经济压力，使得许多人无心玩儿会，加之人员老化、新人不足，老会面临严重的传承危机。由于多方面原因，在此之后，同乐老会逐渐沉寂了下来，不再发声。

2001年9月，老城厢中心的鼓楼重建工程竣工，鼓楼的重建使得沉默了许久的老会又将面临新一次抉择。一方是久不出会，大量服装器具需要存放、管理的同乐老会；一方是修葺一新需要老城厢历史文化支撑的鼓楼。经有心人撮合，双方一拍即合，同乐老会决定

20世纪80年代复会后老一辈合影，现在多已离世

20世纪80年代出会留影

20世纪80年代上公子和棒槌的年轻人

13

2002年老会向鼓楼捐赠时的留影

将全部服装、表演器具、历史文物捐赠给鼓楼。为此，南开区房管局专程对老会做了采访和资料留存。2002年农历正月十五正值老会捐赠之际，在南开区房管局支持下，同乐完成了告别性质的出会表演，包括前来协助的技校学生，出会人数达到120人左右。这在进入21世纪，天津所有老会的出会经历中实属不易，更重要的是此次活动留下了同乐老会最后的影像。然而好景不长，因发生变故，老会不得不从鼓楼撤回所有物品。2003年老城厢拆迁，这是天津市极具历史意义的事件之一，而拆迁直接将老会拆散，老会员仅有少数几位保持联系，而物品的存放则成为更加严峻的问题。甚至会头不得不无奈地把高凳劈毁。2005年，经由会头和两位会员见证，经过严格的程序和转交仪式，同乐老会将会里所有物品捐赠天后宫，终于为这些见证着历史和老会命运的老物件儿找到了一个安稳和妥当的家。

4. 会头及会所

由于没有文字记载，同乐老会的历史早已漫漶不清，可以明确知道的是，同乐是一代传一代的子孙会。会中几个大姓家族分别是王姓、李姓、郝姓、孙姓，其中两家李姓家族几乎能把会组起来。这几大家族的子弟立会，众人一定认可其资格。在人们的口头相传中我们得知，第一位会头为郝洪年，其后辈郝成林也任过会头，20世纪40年代末，他任中营一带的保长，官面上庇护着同乐老会。而后同乐老会几任会头以工匠为主，有瓦匠周二爷、油漆匠老王二、油漆匠王文澡、工人李凤云、瓦匠李凤龄。作为会头，或者为老会操心劳力，或者有社会影响力，能镇住一些惹事儿的人，俗话说能"压茬"。但作为会头的有一个原则——绝不吃会，只有往外拿，没有往口袋里搁的，不然威信就没有了。

老会的会所俗称"下处"，若会中有人没有成家没有工作，也无处安身，下处这间屋子就由他住，看屋守地，等大家都下工回来，负责炖水沏茶。平日街坊接济点面汤、饽饽、煤球等生活物资。如此，既让众人能喝上热水，会里有了人气儿，也养活了人。

2005年老会将会中全套服饰器具捐赠给天津天后宫

从前老会的下处，不少是在庙里，而新中国成立后庙多改为学校，老会被迫离开，从此没有了会窝。目前所知同乐最早的会所在中营学校后三圣庵里的三间屋，包括老紫云的法鼓、中幡、挎鼓几

现任会头李凤龄

15

老会保存三十余年的锦旗

道会同在一处。后来挪到项家胡同沈家杂货铺。20世纪40年代末转至中营后王文澡家，因他是单身汉，晚上大伙聚在那儿学唱、练功。之后天津"闹枪子儿"，会里扣锣。恢复后，器具存放在田家大楼田五家，虽不是严格会所，但可在此处化妆、穿衣服、下帖。田五时任南项胡同伪保长，出会时拿着鼓槌别着枪，让人印象深刻。曾有一段时期同乐老会在大水沽的瞎姑奶奶（姓名不详，眼有残疾）家开会、学唱，老人儿没儿没女一个人，会里同时负责接济老人生活。经历了"文革"后复会的同乐高跷，服装、器具一直由会头李凤龄借地放置。停止出会后，在很长一段时期内，李凤龄在自家平房上搭建临建存放会里行头，能够完整保存至今，实属不易。实际上，由于长期没有固定的会所，大大阻碍了老会的发展，也是老会走向终结的重要原因之一。

三、信仰空间

中营后附近的庙宇比较多，除了离娘娘宫比较近之外，还有鼓楼附近的王三奶奶庙，西北角的城隍庙、三圣庵，西关街掩骨会的韦陀庙。平日里，这几座庙宇的香火都比较旺盛，其中，王三奶奶庙在每年除夕香火最为旺盛，相传此庙供奉的王三奶奶和天后宫中供奉的王三奶奶是同一尊，也有求子祛疾的神能，因此本地民众经常在此庙为家人祈福；城隍庙在每月的初一、十五祭祀的人较多，在每年农历二月初八城隍庙会之时更是人山人海；三圣庵是用于供奉西方三圣的尼姑庵，起初同乐高跷的会所便设在庵中；韦陀庙虽然没有固定庙会，但平日香客也不少。除了周围的这几座庙，中营后一带民众去往大悲院祭拜也较多。

天津天后宫供奉的王三奶奶像

在每个月的初一、十五，本地有拜王三奶奶的习俗。很多刚生育小孩的家庭，要去王三奶奶庙烧香谢奶奶。在祭拜时，要把弓插在香炉中，箭横放在香炉上，这样做的意思是，请王三奶奶把沾在小孩身上的邪气与疾病，全部射走。不分所生的是男是女，都用相同的祭拜方式。另外，还要把鸡蛋外壳染上红色进行祭拜。鼓楼王三奶奶庙所供奉的神灵除了王三奶奶外，还有傻哥哥及菩萨等。菩萨塑像较有特点，这尊菩萨有两面脸，慈祥的脸冲北，恶脸冲南。据本地百姓说，这是因为"北方人善良，南方人厉害，所以菩萨对北方的人比较和善，对南方人比较凶"。 对于这样一位地域性的神灵，民国时期民间对王三奶奶的崇拜最为盛行和虔诚，甚至不惧路途遥远前往北京妙峰山进香，妙峰山庙会甚至还特意为天津香客开辟了一条专用道路。

谈到中营一带的信仰不能不提当地的城隍庙会。城隍庙位于天津老城西北角的府署街，原称城隍庙街。老城隍庙建于明永乐四年（1406），规模较大，庙里两大殿分别供有府城隍、县城隍塑像。后寝殿内，塑有府城隍卧像。庙门两侧为"十殿阎君"殿，塑造了不同情景的殿堂和刑场，寒气逼人，十分阴森可怕。据说，城隍庙中的塑像都有机关控制，只要开启机关，各种泥塑便会活动起来。传说在抗日战争时期，有两个日本兵误闯城隍庙，无意中触动机关，突然见城隍爷和小鬼塑像活动了起来，一时间被活活吓死。民众拍手称快，更加兴旺了城隍庙的香火。

古时城隍庙会规模较大，是除天后宫庙会之外的最大规模庙会。会期为每年农历二月初一至初八晚，历时八天。其中，初六鬼会、初八城隍生日为出巡日，其余几天需在庙前张灯结彩，设棚表演。平日里的初一、十五，人们也做简单祭拜。但如果愿望得到实现，就要在每年的庙会进行还愿。据会中老人介绍，还愿时的礼仪十分繁缛，有行"拜香"礼、"红头锁"礼等习俗。行拜香礼的民众，走一步退一步跪一步或走两步猫腰一步，不管地面是否平整，都必须打赤脚在地上行走。无论天气多么寒冷，很多香客会赤裸上身，或穿中式单衣进行叩拜。红头锁习俗源自于很多人为家中老人许下延长寿命、祛病祛疾的愿望，愿望实现后，要来到城隍庙还愿。为了表达自己对神灵的虔诚和对老人的孝心，很多人在还愿时会在自己的腹部穿针，在胳膊穿眼挂灯，以至于在还愿之时常常血流不止，场面十分血腥。据说，如果城隍爷看到了孝子的真心之后，会大动恻隐之情，为这家老人延长寿命。很多同样有孝心的香客，也会在看到孝子穿灯拜祭的场面后，帮助孝子托起挂在胳膊上的灯，让其少受痛楚。另外，许多许愿人还装扮作各式各样的"鬼"，如无常、同顺、意善、五福、五伦、十司、拾魁、五魁等，来到城隍庙进行朝拜，集合完毕后夜间开始行会。路线为：城隍庙——大胡同——西门里大街——鼓楼——东门——南马路——西马路——西北角——城隍庙。

城隍庙会的组织管理机构同皇会相似，既有民间称为"接驾会"的管理机构，此机构多由在民间具备一定威望的乡绅组成，其职责包括商定城隍出巡、鬼会的一切事务，如筹措经费，制定出巡路线，甄选表演会种，协调次序等会务工作；也有公益服务性会种，如茶棚会、水会、护棚会和设拜会等，如同善茶棚会的主要工作是负责准备茶点招待行会人群。设摆会是民众较为喜爱的会种，他们筹备好不少古董、字画等百姓日常生活中难得一见的珍品，陈列于搭好的大棚内，供游人参观；寺庙周围摆满火会和水局的消防设备，还有由衙署捕快组成的皂班灯棚，同护棚会一起负责保安工作；另外，在戏台旁边还有许多古玩玉器摊，不少古董商人趁此机会销售古董。

娱神会的表演在午后举行，由经过筛选的几十道表演类会种按顺序行会巡演，涉及门幡、中幡、抬阁、秧歌、重阁、挎鼓、高跷、十不闲、杠箱、猴爬杆等。这些会种基本都是参与过皇会、口碑较好的会种，且出会的仪仗与规格也和皇会相同。由此可见城隍庙会的水准之高。其中尤以远音挎鼓会最为引人注目，十六位鼓手，均身着清一色黄马褂，将挎鼓挂在脖子上进行表演。相传，鼓手所着的黄马褂为当年清乾隆皇帝观皇会时所赐。另外，从城隍出巡队伍的执事方面来看，规模也不逊于皇会，队伍浩浩荡荡，颇为壮观。先头有十余人执小旗引路，后跟四面响锣，十六面飞虎旗、回避牌、肃静牌、官衔牌等执事负责清道，后跟尖马、马弁、宝座、摆马、对子马、拜香者、香锅、罗伞等，与旧时官员出巡仪仗类似。再后就是城隍神所乘的金顶红穗"永寿官轿"了，除了城隍神像端坐其中外，还有瓶、盂、拂、鼎等法器。虽然中营后同乐高跷老会没有参与过城隍庙庙会，在20世纪40年代末城隍庙庙会也逐渐消失，但是对于城隍庙庙会的故事和传说会员们却耳熟能详。

四、历史传说

1. 神鸡传说

中营一带盛行一个关于神鸡的故事。那个年代人们还没使上电灯，用的都是油灯和洋蜡。每天早晨有鸡一打鸣，也就是四点来钟，人们就陆续都起来了，拿这鸡当钟点。但是大家从来只听见鸡叫，却没看见过这只鸡的样子。后来，南方来了个人，据说打小经过专门培养，眼睛有特殊的能力。这样的小孩从生下来就不让见太阳，在地窖子里（地窖）长大，到一定年龄出来的时候，眼睛还能看得见地底下的东西，比谁都好使。这南方人来到现在中营小学操场位置，一下子就看到大土堆下面埋了一只有神能的金鸡。他说，想把土堆的东西挖出来，得赶时辰，不能太早也不能太晚，还得有一些别的讲究。在这大土堆附近有家果子铺，天津人早点好吃果子、果蓖儿、翻花之类的东西，必须得用这果子铺炸出来的头一根的翻花做钥匙。翻花是把一块长方形的面中间拉一道口子，把一头从中间口子中掏过去，然后再放到油锅中过油炸制的食品，炸出来一定型，从远处一看的确挺像钥匙。那会儿人们买了翻花之后都用苇子棍串起来拎回家。等到四点来钟，这鸡刚一叫完，南方人就把翻花和草棍一起用火点着了。这时候，大土堆整个裂开了，南

同乐高跷老会印章，20世纪80年代复会时制作，刻有"同乐高跷老会"和"中营后同乐老会"字样

方人赶紧进去把藏在下面的金鸡抓走了。打这以后，人们就再也没听见神鸡的叫声，起床也没那么准时了。

2. 拆庙的故事

天后宫是天津城内最有影响力的寺院，在生产力不甚发达的时代，是人们求子、祛疾、求平安的主要场所。婚后无子的妇女都会去天后宫拴娃娃，生了孩子去找王三奶奶求得庇护，保护家中的孩子健康。在抗日战争时期，这几座庙都没有被破坏。据说天后宫曾经遭到过日本军队的强拆，但发生了神奇的事件而没有拆成。相传，当时一支日本军队去往天后宫负责将整座庙殿拆毁，许多日本兵去搬妈祖的塑像，但无论如何用劲却始终纹丝不动。最后无可奈何之下，想出一个办法，他们用绳子环绕在妈祖像的身上，想把塑像拉倒，谁知刚翘起塑像的一个角，却听见下面有很大的水流声音。日本人很惊慌，怕拉倒塑像之后真的有大水涌出，不得不放弃了拆毁天后宫的打算。

3. 鼓楼有鼓

鼓楼，是老城厢的中心，经历两拆两建，是老天津卫记忆和情感中抹不去的一处光点。但是鼓楼为何有钟无鼓，却让很多人迷惑。传说中，鼓楼原是有鼓的，后来为了报时的需要，才把大鼓移走，换成了一口钟。民间还流传着董师傅用蟒蛇的皮绷鼓的传说。说当时鼓楼建成后，人们请来了制鼓大王董师傅和他的徒弟们，整整用了99天，才做成一个有一丈多高，一间房子那么大的鼓圈。但光有鼓圈，没有鼓皮。就在这节骨眼儿上，他们听说某村里有一条巨大的蟒蛇正在祸害百姓，于是，董师傅斜挎着一只腰鼓，手握系着大红绸子的鼓槌儿来到蛇洞口，只听"咚咚咚"鼓声震天，又见红绸上下翻飞，那蟒蛇被引出了洞。董师傅一刀下去，制服了巨蟒。后来，他用蟒蛇皮蒙成了大鼓，安放在鼓楼上。这就是关于鼓楼中鼓的传说。

第二章

制度民俗

同乐老会传承至今，并未流传纸质会规，当问询起会内的规矩时，会员们虽不能马上逐条列举出来，但却纷纷表示规矩"大着呢"。后来通过整理发现，老会会规事无巨细，已涵盖和会组织有关的方方面面，纵然没有形成条目，却已根深蒂固地渗透到了每一名会员心中，并影响、制约着会员们的思想和行为。

一、入会与选角

同乐老会是地地道道的"子孙会"，虽然是代代相传、延续至今，但并不是以一个家族作为世袭会头，而是由不同家族的几代人共同进行传承的。入会学高跷的，"一张白纸"——完全没有基础的人基本没有，大部分都接触过高跷，至少看过跑场和演出。同时，老会也是中营后一带的"乡亲会"，"老门口"上的成年人或者少年，想参与玩会，也要达到多方面的条件才可以。如果不是中营后一带的人，需要通过朋友或会员介绍，并经过会里商议研究同意后，才可以入会，这样做是为了可以更好地了解入会人的来源，防止技艺被外人带走。无论是"乡亲会"还是"子孙会"，都有"传里不传外"的思想渗透在其中。不知根知底的人即使允许加入会组织，也不会给他安排重要角色，尤其是公子、头棒等重要角色，必须是会里子弟或"老门口"上的"自己人"。

所谓自己人，并不严格按照姓氏血缘，更多是讲究地缘上的亲和。出会时，会员们会骄傲地说，"这棒槌是我们门口上的"，"瞧，我们会这棒槌在整个天津卫可算是这个（竖大拇指）"。在他们看来，即使技艺还需提高，那也代表了本会的尊严。如果头棒表演者是住在别处的人，那意味着本地无人可以胜任此角色，整道会都听外人的调遣。

想入同乐高跷老会的成年人，若只是作为不上角的会员参加，那只需要会中老人"扫

会不在了，会规不能丢，会会相见仍要按"老例儿"换帖

听"一下这个人的品德行为就可以加入。入会虽然没有相应的仪式，但既然同意入会了就要做到以下几方面：第一，经常到下处去；第二，要尽心尽力为会所的事情帮忙；第三，老会需要出会的挑费，要根据自身实力凑钱；第四，即使不上角，只是做一些跑腿、服务、搬运的事儿，也是会里的正式会员，要做好分配给的各项工作。

但是对于想参与老会学习表演的小会员，会中老人会相应地提高入会的门槛。在他们看来，老会能否发扬光大，重担就落在这"一伐伐"的小会员身上了。一般情况下，老会员在选角色时，每个角色至少选两个人练习。这主要是为了防止在日后的出会中，如遇一个表演者有突发情况，临时出不了会，另一个角色可以上场进行补救。所以在选角色时，都会训练

出两个人作为备选。对于想入会的小会员，必须符合各种规定，只有各方面条件符合了才有机会入会。

　　首先，孩子个人要"好"会，也就是孩子自己本身对玩高跷很有兴趣。老人们常说，"高跷不是教出来的，是熏出来的，是自个琢磨出来的"。在他们看来，是真心喜好高跷还是图一时热闹入会的孩子一看便能分辨出来。真心喜好高跷的孩子，平时就非常留心高跷的动作和技巧；而只是因为喜好热闹入会的孩子们，玩高跷的热情不会太长久。过去，

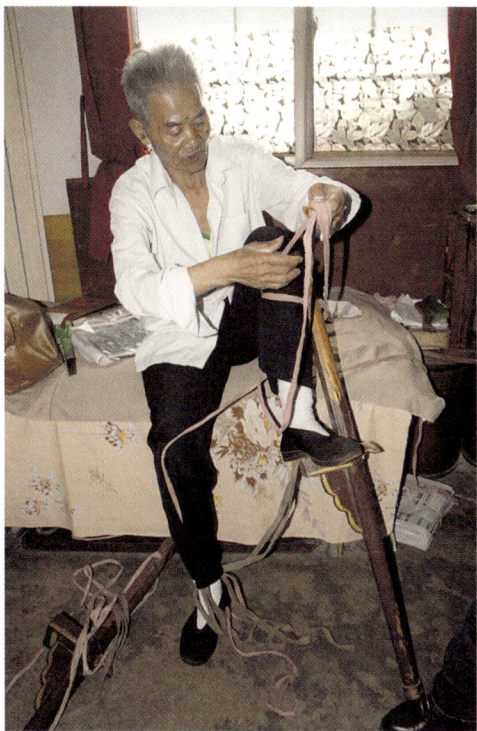

至今，李凤龄大爷绑腿子的步骤还是按照老祖辈传下的规矩，丝毫不敢懈怠

一个角色有好多孩子一起练习，但真正"练出来"的却并不多，能出会上角的也仅有一人。通常情况下，都是真心"好"高跷的孩子才有资格得此机会。有一些小会员，想在诸多练习者中脱颖而出，除了在共同训练时非常努力，在会下也十分勤奋。很多小会员会让家人制作高跷腿子在家练习，刚开始是较矮的小腿子，随着年龄的增长，腿子的高度也在逐渐加高，最后变为和正式出会一样的成人腿子。

　　其次，要家里大人"宠"着，即必须得到家人支持和赞同，至少是不妨碍会员玩高跷。如果家人有反对的，高跷基本练不成，这也是为何高跷会中多是子孙会的原因。只有家里人支持孩子玩会，孩子才有时间

练习。如果遇上家人不支持或者条件不适合玩会的孩子，一般在会里呆的时间也不会太长。

另外，还得性格适合玩会，以老人们的话说，就是"好孩子"和"坏孩子"都玩不了。玩会需要付出很多时间和精力进行练习，志不在高跷、一心想考取功名的"好孩子"，没有太多时间参与会中活动。同时，会里规矩十分严格，若是平时不良习惯很多、不喜欢被管教的"坏孩子"，也会受不了会中的管教。一般情况下，只有这几个条件都符合了，才会进入下一个选角环节，即看孩子的个人条件，如胆量、身体素质等，考察是否适合高跷表演。

再者，要求小会员要有一定胆量。对于初学高跷者的训练，同乐老会有一套较为成熟的训练方式。第一个要求是，无论上什么角色，必须胆大。据会中老人介绍，"有部分新入会的小会员，因为胆子小，一上腿子就会腿发软，根本站不起来"。这样的新会员，无论多么想学高跷，老会员们都不让其入会。天津高跷历史悠久，受封建思想的束缚，在城区里的会组织，"姐姐"通常是不能上会的，表演中的女性角色由男性来表演。但在郊区的会组织中，却有女性上女角的现象，如北阁大风桥云乐高跷。在同乐高跷的表演历史上不曾有女性表演者。

最后，身体素质要好，最好有一定武术或戏曲基础。在刚入会的小会员选角色的时候，要根据每个人的身体条件进行角色的指定，但玩高跷的人身体必须要好。在天津最初参与会组织的会员中，多从事与脚行和搬运有关的职业。高跷界中，曾经有"四大张"十分出名，其中之一的张连胜最初是"捧大跤的"，因为平时进行的锻炼较多，所以弹跳力异于常人，在表演棒槌角色时，蹦得比一般的表演者都要高。还有很多会员有武术、戏剧功底，如会耍大刀，唱京剧等，如果身体素质过硬，不但在表演时动作更加灵活舒展，在较长时间的表演和行会过程中，耐力也更加持久。

相对来说，对于极少数高跷基础弱，第一次真正接触高跷的孩子来说，老会会根据他们心仪的角色和小会员本身的长相、身材，以及其他身体条件，来安排适合的角色。看起来脸盘较小，体形苗条，稍有女性神情的，首选为坤角儿。头棒要选个头较高、体形较壮的，这样的孩子"能压茬"，装扮起来有一种虎势凶悍的感觉。在高跷会中，还有很多子承父角的情况，一般长辈擅长什么，孩子接触较多的也会是这个角色。根据老辈们的规矩，是各教各的角色，会安排每个角色中最有经验的人来教小会员。比如，同乐上妈妈的会员杜光明技艺得到了行业内外的一致认可，人称"杜妈妈"，整道会的坤角儿都由他来教管。练的时候不能混练，练一个角色就要练到底，更不能乱摸别人的"手彩儿"。除了人员缺失等特殊情况外，只要练上了一个角色就不能中途换角。更严格的是，其他的角儿在练的时候，除了会头和会中老人之外，小会员们都不能瞎盯瞎看。有很多非常聪明的小会员，在耳濡目染之下学会了别的角色的表演精髓，甚至比专门练这个角色的会员技艺还要到位，那也不能私自顶替别人上角儿，还需要让会里老人安排做人员上的调配。

同乐高跷没有入会仪式，相应地，老会也没有制定除名措施，即便有行为、品德让众人不满的会员，老会也不会公开让其不能参会。而是采用一种较为温和的方式来处理，如在出会时不安排工作，不让其出挑费等。在他们看来，玩会的都是"老门口"上的人，不能不给人留情面。在受了冷落之后，犯错会员一般会逐渐淡出。

二、学艺

高跷的传授与训练方式一般有两种，一种是"师传"，一种是"家传"。师传是会中的前辈通过口传身授方式，来传授技艺程式、唱词唱功等方面的内容。过去，很多孩子没有上学机会，基本在八九岁就开始入会、玩会。后来，随着教育的逐渐普及，每个孩子在这个年龄阶段都要上学，入会的年龄逐渐提高，基本在十三四岁才入会，进行系统学习。家传的情况仅限于家里成员有会高跷的，通过长辈的言传身教学习高跷技艺。一般情况下，这类会员接触高跷时间较早，往往在年幼阶段就已对高跷产生懵懂的认知，相对来说，这类会员的基本功较为扎实。小孩儿刚到会里，先练一年跑场子，并不是天天练，一年练两季，就是冬天和夏天。老辈人们讲究冬练三九，夏练三伏。夏天，汗和气力正旺，正好可以练习耐力和体力，防止到冬天出会时承受不了肺部的负担。练习时，没有固定的时间，但并不会每天都练。新入会的孩子们，为了不耽误他们的学习，时间基本集中在周六和周日两天，并按照规定分为两批进行练习。而对于磨合相对较好的老会员们，接到出会安排之后，一般只需要提前一个礼拜"攒攒人"，进行走场训练。

1. 基本功

高跷技艺中最重要的环节就是基本功的练习，也就是腿子是不是够"硬"。练腿子从扶墙开始，老人儿要求不能看地，看着灯迈步走。扶墙走熟练了，离开墙面，对准一棵树，径直走过去。

排练和出会也有意外摔倒的时候，但因为都有较为扎实的基本功，真正摔倒、摔伤的情况却极少发生。以会里老人的话说，"外人看着挺危险，但是我们自己脚底下有根"。玩高跷时脚下需要时刻记得：不管做任何动作，两脚中必须有一只脚落实后，才可以做下一个动作，这也就是行话里说的"腿子硬"。如果一只脚还没有站稳，另一只脚已经抬起来了，必定会摔跟头。另外，身体的平衡度也非常重要，当脚下踩到比较滑的物体时，或者地本身比较滑，要通过身体的平衡来进行调整。步伐稳不稳基本功扎实不扎实，对于很多懂行的人说，只要行会的人从身边走一趟就能了解。

当时练功还有一种独特方式，就是站在三轮车上面练习高跷踩桩的平稳。那时候人少车少，路上很清静，但不如现在道路平坦。练的时候，会员会叮嘱车夫稍微慢点拉，人站在高跷腿子上慢慢站起来练习平衡。时间久了，无论道路如何颠簸，人站在车上都能适应，站桩平稳。

刚入会的孩子，一般都会十分喜爱踩在高跷之上的感觉，以老人们的话说就是"那孩子们踩上腿子就不惦记下来，越走越有劲儿"。但根据经验，刚进会的小孩儿应不踩腿子而先练地跑和摆式。地跑和上台练的架势儿、队形儿什么的都一样，在老人们看来，不让上腿子的原因是，一上腿子就油了，基本功练不扎实，动作虚。所以，刚开始就得地跑练，脚底下活儿得好。一旦练好了再跑，再上腿子就不难了，会里老人们说，这叫"在底下练嘛到腿子上有嘛"。

2. 姿势与步伐

从喜爱高跷，到真正能上场表演，这是一个十分漫长的过程。在练功中，受伤是难免的，刚开始练最多的就是摔跤，再到后来，就是表演器具使用时会出差错，比如：表演棒槌的最常受伤的部位就是后脑勺。棒槌的动作较多，且都是在身体周边进行招式的变换。一般练习者刚练时，要先用小劲儿慢慢比划，后来熟悉了，逐渐一点点加劲儿，但在很长一段时间内，还是免不了会打到后脑勺。很多刚学习高跷的表演者在家中练习时，会对着镜子练，一方面是看自己的姿势是否标准；另一方面是看在什么位置不会打到自己的身体。

在天津高跷界名噪一时的"杜妈妈"

过去很多会员从小对高跷十分痴迷，在吃饭的时候听到高跷点响起，都会撂下饭碗跑去看。老会中有一位技艺超凡、在天津的高跷界名气十分响亮的"妈妈"扮演者——杜妈妈，当时练习高跷到了十分痴迷的地步。为了能让自己体态和神情都像女性，他在日常生活中都会模仿练习。在打面酱时，因入戏太深，一步一扭地学习女性的体态，而把面酱碗打碎了。这件事已经过去40余年，但老会员至今仍然记忆犹新，并被人们广为传诵。

3. 唱词唱曲

遇见下雪、打雷等比较恶劣的天气情况下，会员们聚集在一起，不进行动作、队形等方面的练习，而是在唱词、唱腔方面进行练习。一般情况下，会头先说一些会里的日常情况，然后全体会员开始练习唱段。自古老会中就没有流传下来纸质的唱本，所以在日常练习时，都是通过会员们口传身授的方式进行。一般由老人们先领唱，新会员跟着一起哼唱。随着时间推移，新会员逐渐熟悉唱词，再同老人们在一起练习配合。

4. 配合

在天津的高跷界，一般会互相留情面，不会说对方的会不好。通常"好的会说，不好的就不说"。因为在他们看来，各会有各会的绝活儿和出彩之处，遇见在表演时出错的情况，一般都不会给出评价，但是在出会、比赛或打擂的时候，通常要暗自较劲，看谁的功夫到家了。若想从诸多会组织的表演中脱颖而出，就必须做到技压群芳而又独树一帜。比赛时，如果是在后面出场的会，一定不能和已经表演过的程式有所重复。因此，会员们平时的相互磨合就十分重要，除了配合好一套"独一份"的绝活外，还要对难度较大或较冷门的表演程式多加练习。只有变化出更为灵活的队形，体现出更为扎实的基本功，配合得更加熟练，才能"压"得住其他的会。如果出会的有年轻和不熟练的会员，一般要提前二十几天开始进行跑场，以便会员之间可以相互磨合。如果是会里老人上场，一般情况，三至五天就可以了。但因为同乐老会是城里的会，居民居住相对比较密集，所以并不是每天都跑场，基本上是隔一天训练一次。

5. 捋叶子

会员入会以后，除了会里老人传授技艺之外，还要通过对外"捋叶子"达到技艺的全面发展。捋叶子，即偷艺，也是高跷学艺中间不可缺少的一种方式。捋叶子经常去有名的、技艺高超的会，同乐老会常去的有乡村园聚乐高跷老会。打听到会组织的跑场时间和地点后，要提前安排好时间去看。角儿踩在腿子上视野很高，时常能看到来捋叶子的人。所以，去捋叶子的一般都要站在较远的地方看，尽量不让对方发现，最好能隐藏在人群里。发现某个动作好、架子好，回家赶紧照着

架骆驼一出，万人空巷

镜子比划，到时候一跑场带着学来的东西，谁也不知道是偷学出来的。总之，要在这个过程中多学别的会的优点，对比自己的缺点。同乐老会跑场时看到外会来掯叶子的，会里人便相互之间通气："好好练，底下有外会的人。"因此这种互相偷艺，的确对高跷技艺的提高起到了很大的推动作用，也是天津高跷界可接受的规则。在他们看来，跑场儿是开放的，别人愿意看，那从另外一个方面也证明了自己会里有值得学习的东西。

6. 出师

由于每个人的天赋和后天的努力不同，所以"成才"的时间也不同。对部分动作相对不难的角色来说，如果狠下功夫练，一般在三个月到半年左右的时间就可以出会了。但有几个角色除外，如头棒因为要懂的规矩多，动作也较为复杂，一般半年的时间很难上场。而锣鼓四件短时间也很难成才，因为中间要涉及到几个人之间的配合。很多时候，虽然各自都背过了锣鼓点，但是因为之间磨合得少，所以短时间也合不到一起。当时老会员们不但要给会员传授技艺，还要定期检查会员们的"功课"完成情况。在师傅教完以后，就要看自己练习的程度了。一般情况下，老会员会先把技艺传授给新会员，新会员根据自己的悟性进行练习，感觉自己练得有些模样了，才能找老会员请求"考核"。检查功课的时候，会中的老人会坐成一排，对每一个动作和细节都提出要求。

无论会员有多聪明，身体素质有多好，老会员们还是要求会员尽量要一个角色练到底，尽量不要中途换角，他们坚信老话说的"样样精通，样样稀松"。每一个角色都有自己的特点，有的人一个角色演了一辈子，用几十年的时间来揣摩人物的性格和特点。为了让每个人对自己扮演的角色有更深刻的认识，老人们常在"下处"给会员们讲会里的故事，讲每个角色的来龙去脉。高跷学艺同学戏剧一样，要先说戏再练习。遇见有比较毛躁的孩子，不能专心听老会员讲戏、上戏的，老会员往往加以小小的体罚。如学坤角的，在演出时就必须有女性的体态，甚至坐姿都要注意到，不能分着腿坐，一旦被老人发现了不符合角色的动作，老人们就会象征性地踢一脚。李凤龄老人说："玩高跷这玩意儿的都是二皮脸，有'小性儿'的人根本玩不了，只有真正好这个的才能把老人们的责骂当成是对自己的好。"

刚进会里是老会员在一起练，新的在一起练。但是新会员练得差不多的时候，老人们会把新会员和老会员搭配在一起出会，这样十分有利于新会员的成长，逐渐把新会员带出来，这叫"以老带新"。纵然是在下面练得再好，但是没有老人带着上会，新会员在面对很多突发情况的时候，也常因为缺少经验应对得不好。所以，老会员会经常创造机会，让小会员们轮流出会。虽然个人的生活习惯是个人的事情，但是老人们也会对年轻会员提一些要求。比如，虽然不是常在一起训练，但是入会之后的年轻人，时刻不能忘记基本功的训练。为了使身体有较好的素质，也不能酗酒。过去有一名会员，因为酗酒，在30多岁的时候就已经在高跷上站不稳了。

三、立会、办会

一道会若想立起来，必须要得到各方面的支持，并得到行业内外的一致认可，否则立不了，以他们的话来说就是"会头从来就不是一个姓"。当时任会头逐渐年老，会提前考虑会中的年轻一辈，哪一个处事更加沉稳，并开始着意培养，逐渐传授一些会规会矩，并打算慢慢将会传给他。在通常情况下，新会头是由上一任会头来任命或推荐的。如果老会头总是拿着权不放，后面的人接不了班，在他们看来这并不利于会的长远发展。

对于会头的挑选，会里有自己的规矩，一般是由对老会有较大贡献、在本地有较高威信或是较有管理能力的人来担任。最后一任会头李凤龄说：

> 当会头可不易。无论会里出嘛事儿，家里主事只有一人。临时有棘手的事儿发生，得安排有人顶上去，无论怎样都不能说玩不了了。咱这会玩不了了，不能说把会卖给别人，这得一辈子遭啐骂。如果说，实在出不了了，把东西给了可信的人，那大家佩服你没把东西糟践。会不好管，到时候都得使策略。

玩会需要处理协调好会里各方面人员之间的关系，并具有一定的执行力。比如：出会时角色的具体分配由会头说了算。有个会员很中意某个角儿，若安排给他另外的角色，他便不愿意配合，在表演时很消极，这个时候会头就要引导好这名会员的情绪。另外，面对一些特殊会员的脾气品性，还要讲究管理方法。有一次演出时，当时的流程是先上香再号佛，最后进行表演。因为缺人，当时能唱的都上角儿了，底下却少了一个叫锣。时任会头李凤龄就临时把一个爱闹事儿的人调了过来。但是并不提前告诉他安排给他什么工作，上完香之后把他叫到众人面前，告诉他今天掌管叫锣的人是他，让他跟着号佛。在全会人的眼光注视下，这个人也不好意思表现出来什么意见，老老实实跟着号佛，履行了自己的职责。

老会历来长幼分明规矩多，家中主事只一人。下处有别的会来拜访，年轻人只能在旁边听着，不能随便说话，七言八语是大忌。但老会并不是对参加会的年轻人不尊重，只是规矩代代相传，怕有小辈不懂其中的礼仪而给老会丢了颜面。在老会曲折的办会历史中，基本上每一位会员都做出了不同的贡献。极少数在老会处境艰难的日子中，没有对老会关心，伸出援手帮助老会度过难关的人，就算后来还是会员，但通常不敢对会里的人和事指手画脚。

立会得正宗，即需要名正言顺，只有具备了这样的威望，会里的老人包括参会人的家属才不会反对，有些还会自愿出钱支持。立会时需要通过一部分会员及家属进行"敛钱"。一般情况下，由会头带领一部分会里面比较有威望和名声较好的老人前往，不会随意派年轻人去敛。会头在领得钱后，会当面道谢，以示尊重。若爷爷没有了孙子在，就算孙子辈的人不玩，也得十块八块拿出来支援老会。

除了要管理会组织的内部人际关系及日常事务，会头还要负责老会的外联工作。如，老会的第一任会头郝洪年，在当时是一个通私、官两面的人，他不但得到"官面人"的认可，和部分在本地颇具实力、搅和会的地痞流氓也能处理好关系。要想当好会头，必须有名望，走到哪儿都给面儿，都得给赏钱。会头为会筹钱，走到谁家门脸，会帖一递上，实际上就是找人要钱。会头后面跟着会计，随时记账。但是这账本里面却大有学问。一套账上记录的是真实的筹款数额，如张二爷助会200元，李二爷助会500元，王三爷助会300元。但到筹完钱后，写在黄报上的却是另外一套账，上写"张二爷助会200元，李二爷助会2000元，王三爷助会300元"。

这是办会人所用的一种心理战术，一方面，可以激起"助会人"之间的竞争心理。虽然李二爷只捐助了500元，写成2000元是给其他买卖家看的，部分商家会想"我不栽这个跟头，我比他还要高，他给2000元，我给3000元"；另一方面，对"助会人"本身来说，也是一种鼓励，李二爷一看会里给写成2000元，"他脸上有光，心里一高兴，会里人再借机一捧，可能就真给2000元了"。会头将钱筹来以后，管帐先生负责管钱，将这部分钱用来为会置办东西及支付其他会来拜会时所消耗的茶水、烟卷、点心钱。只有会头能筹来钱，自己的会才能光鲜亮丽，和别的会交往才能"礼尚往来"而不至于小里小气。

"文革"后，李凤龄重新立会，建立起交纳"会份儿"的制度。普通会员一个月一两毛，出会的人一个月两块。但对于家庭有困难的会员和刚工作收入较低的学徒工不收。对于老会来讲，有出会的机会才能有

复会时各种挑费的票据，至今仍被李凤龄大爷完好保存。对于他来说，这是会头的责任；对于会来说，这是珍贵的档案资料

钱进账，否则"越不出会越出不了会"。但是与出会的庞大开销相比，会员们所交纳的会费，无疑是杯水车薪，并不足以支持出会的挑费。因此，在20世纪80年代复会时，虽然没有了以前大买卖家的支持，但会员们在会头的带领下，在中营后一带挨家挨户敛钱，作为出会的挑费。通常情况下，本地的乡亲都会给予大力支持，有钱的出钱，没有钱的给布匹、茶叶之类的物品代替，或者出力，同乐老会每次都能敛够出会的费用。虽然会头出面敛钱，是为了会里，但是人情债却是要自己还，因为本地的居民是看在会头的面子上才出钱支持会的。以后，但凡给过钱的家庭中有红白喜事，会头需要自己出钱随礼或是出力帮工。但同时，越是对会里付出多的会头，在会里说话越"硬"，威望也越高。

敛来的钱不能随意花销，很大一部分用于会与会间的礼尚往来，但凡有设摆给同乐下帖的会，老会都会送去点心、镜子之类作为贺礼；另一部分用作出会的挑费，有的易耗品常有损坏，出一次会就需要置办一次东西；第三部分用作下处日常的耗费，水、电、煤气，以及聚会时茶叶等物品的消费；第四部分是给部分玩会人的少量补贴，第二天出会，头天晚上需要上角的会员在晚上排练，跑场到很晚，偶尔会耽误部分上晚班会员们的生计。只要条件不好的会员和会头说明情况，会头会根据误工的情况给予相应补贴。除了这些支出外，剩余的钱要入账，由会计代为保管。交会费的

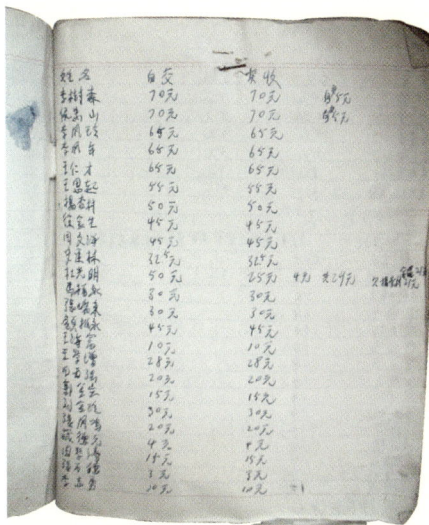

会员们交纳会费的记录

情况只持续了1979、1980两年。后来"驻会"的人多了，玩的人多了，也就不再施行此制度了。

除此之外，会头还要在会内事无巨细地处理一些后勤工作。如李凤龄当会头时，每逢出会，要帮助其他会员收拾行头，有很多演员演出没有问题，丝绦板带等配饰方面却不会收拾，会头要帮助他们打理。主要演员包好头了，还要协调安排好各方面的人员，如，由谁来扛高凳，谁来打手旗，并要提醒会员们带齐出会用品。只有出会的一切打点好了，李凤龄才会最后一个进行包头打脸。因为一旦梳妆打扮整齐了，人会行动不便，只能坐着。另外，在面对一些突发情况时，会头也要镇定地对人员进行调配。有次出会时，有一名会员"拿糖"，本来答应好出会，却在头一天的晚上临时说上不了。李凤龄为了不耽误出会，在院子教了自己的儿子李强、李勇一宿，把第二天上会要表演的场式都教会了。第二天出会时，他自己没上角，在下面张罗前后，顺利地完成了演出。

同乐老会的会规一直十分严格，无论是新入会的小会员还是对技艺掌握较好的成年会员，必须听会中老人们管教。特别是新学习高跷的小会员，如果不认真练习或者偷懒，老人们就会进行责罚和教导。特别是在20世纪80年代刚复会的那段时间，有一些会员因为迷恋去舞厅跳舞，甚至不上班，来会中训练的时间比较少。后来，这件事情被会中老人知道了，不但批评他们，甚至还"啐"过、"踢"过他们。在老人们看来，这并不是一种单纯地打骂行为，而是像家长一样管束自家的孩子。对于表现很好、认真学艺的小会员，老人们也不吝言辞，进行表扬。除此之外，在会所内，老会员也会给小会员上很多规矩，如下会之后，要把各自腿子解下来，跟头面、服装、配件放在一堆；绑腿子的绳子也须按规矩理顺好，缠在腿子上面，不能散在地上。若有乱扔的，师傅会呵斥道："要是你家东西，你会这样扔么？"

此外，同乐高跷老会会员一直注重自己在会内、会外的个人谈吐、行为规范，因为他们觉得自己的会在天津高跷界有一定影响力和威望，如果出会时不懂规矩，做出有失"面子"的事情，不但会给自己造成很大困扰，也会对整个会组织带来负面影响，让整道会"栽面儿"。如出会时不准嬉笑打骂，不准言行轻浮，更不准狂妄自大。据说，在天津高跷界流传着这样一个故事。原来有一道名为聚乐乡村园[1]的会，是西码头百忍老会传授的技艺，也敲老三点儿。这道会的棒槌表演者是一位姓尔的师傅，技艺精湛，在本地小有名气，被赞誉为"盖世无双"。他十分中意此称号，连使用的腿子、衣服的板带上都写着"盖世无双"字样，腰带上写着"震八方"。但后来与河东大福园高跷会"比划"了几下，却发现自己打棒的技艺还不如对方会中小孩精湛，当场就心服口服，并答应永不出会。对方会中的老者说："尔师傅，把你的腿子、板带拿出来吧。"在众人面前当场就把尔师傅的腿子和衣服劈了、烧了。从这以后，聚乐乡村园老会威风大煞，这道会也就逐渐散了。中营后老会的会员一直谨记会规，在他们看来，高跷技艺十分深奥，要多学多练，切不可在外随便说大话。因为在很多情况下，可能会员不认识看会的人，但是看会的人却知道表演的会员是哪个会的，要是言行不当，很容易给自己会带来负面影响。纵然是现在同乐老会已经不在了，但还有很多群众记得原来表演的老会员。会里李凤龄说："有时候出门，会遇见有人和我打招呼，可是我都记不住人家。上次在天后宫设摆，还遇见好几个警察认识我，跟人家说'这是我们西北角老艺人了'。你看，过了这么多年，早搬迁不在一起住了，人家还能记得我，所以说，不能做坏事，做了坏事儿，人家都知道。"

---

1. 聚乐乡村园老会，所表演的是《水浒传》的故事。十个角色均为梁山好汉，除了锣鼓四件，还有李逵双斧、燕青背棍、时迁单刀等，表演所用器具均为真刀、真斧。

四、出会

过去，老会想完整出一次会，过程十分复杂。以复会后的出会过程为例：首先，要先去政府部门跑一遍，包括本地交通队、辖区派出所及街道办事处。行会路线要跟交通队和派出所报备，出会时维持秩序和相关的安全工作，由街道办事处和派出所共同负责。在这几个部门没有意见的情况下，才能贴出黄报。黄报内容大致如下："兹我中营后同乐老高跷会，在××年××月××日将进行踩街表演。"通常情况下，同乐老会出会，先从西门里出去，在辖区派出所、街道办事处等处表演一番，再行会至别处。贴黄报主要是给外会人看。如果关系好的会看见贴出黄报，无论到不到其下处拜会，也会准备好点心、茶水、凳子，以备对方游会。如果只在本地出会，就算只是在门口绕一圈，也要在黄报上写明，如此一来，外会便知道老会的行会范围，不作其他准备了。行会路线的原则是"不走回头路"。这可以说是一条老规矩，具体原因是：如果往返从同一门口经过，人们就掌握了出会的前后时间。如果只经过一次，给人一种出会了不知何时回来的期待。具体的行会路线由会员们一起研究，如果去往捧会的

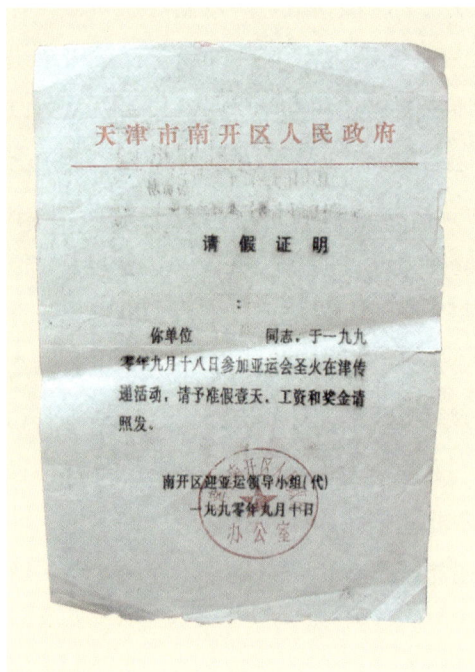

因出会而向单位开具的请假证明

买卖家途中有别的会组织，在时间允许的情况下，也要尽量一一拜会，不能有的拜有的不拜，免得给人以厚此薄彼的感觉。途中经过给会里做过旗子、置办过执事、出过力的人的住处，也要撂一场，以示谢意。

除了春节出会，另外出会的时间多集中在春秋两季，基本在"五一"劳动节和"十一"国庆节等法定节日出会。接到出会任务，要提前几天开始排练，一般是隔天一练，一礼拜练三次，一次两个小时，晚上七点半到九点半。为了不影响周围居民的休息和学生读书，规定每晚十点必须关门。这种对时间的严格要求，是怕影响到老会在本地的声誉。会员们住的距离不远，每次排练完了老会员都会告诉大家明天训练的时间，对于迟到的会员，会派人去叫，要是叫两趟不来，老人就会说："还没会跑，就想飞。"改正态度好的只是说两句，态度不好、迟迟不改的会被老人呵斥，甚至会因此而换角，取消出会的机会。如果"五一"出会，至迟4月22日开练，25日跑场。负责器具的会员要把出会用的器具倒腾出来，拾掇、过水、运输。出会前两天，要保证所有东西齐全。黄报在29日或30日贴上，30日休息，"五一"一早到会里化妆。

到出会的这天，当万事俱备、人员齐整时，掌管叫锣的一给（锣）边儿，锣鼓四件三起三落，头棒一给（棒槌）点儿，众人开始号佛。由头棒上香，顶"马子"，"马子"上印的是关公像。在天津绝大多数的会组织中，下处供奉的都是关公像，他们认为，玩会儿的人都讲义气，常常是认帖不认人，这和关公重情义、讲义气的人物性格十分匹配，所以拿他当作敬重的对象。换帖的人互相不认识，但只要拿帖一对，彼此一"絮叨"，就知道会头是谁，下处在哪，会里有名的老会员是哪几位。会与会间常常是老交情，祖祖辈辈相好。号佛约有一刻钟的时间，结束后要把"马子"烧掉，祈愿老会此次出行一路顺利、没有人员受伤。然后，所有出会会员收拾行装开始上路。

一出会，走在最前面的常常是住在本地，上了一定岁数的老人，行话称为"叼刷子"（音）。为了显示老会的年代和身份，常常要选择留着胡子的老人，出会时他们要打扮得体，最好着长袍马褂，走在队伍最前方充当门面。有时"叼刷子"也会流于形式，比如出会的这位"爷"平时不玩高跷，会里来请说，"二爷我们请你了，只当玩了"。一般情况下，老人都会欣然答应，走到外面，也权当自己是该会的会头、会董。但通常情况下，不会全部请不玩会的老人做"叼刷子"，里面必定有一位懂行、真正玩会的老人，因为出会时会遇见很多特殊的情况，如果都不懂会规，很容易显得自己会没有规矩。如今"叼刷子"一词，年轻的玩会人根本不懂得，听老人儿一说，才知道具体的含义。直到今天，会里老人还会常说"没那个（叼刷子）不叫会"，"叼刷子"跟着出会也是过去高跷玩会中一个不成文、约定俗成的规定。

出会时，会员们还要佩戴老会的袖章，袖章上有"同乐"二字，并盖有会章，分为红色和黄色两种。这两种颜色的袖章有不同的意思，红色袖章要给出钱捧会的人戴；黄色袖章给为会出力的人戴，包括为出会维持秩序和为角色提供服务的人。另外，在出会时能背带有老会标志的香袋也是一种莫大的荣耀，因为要抛头露面去往别的会换帖，一般由为会提供帮助的人来背。

历来出会时，最卖力气的活需要花钱雇人来完成。比如像扛高凳之类的活儿，虽然高凳本身不重，但若行一场会下来，也是十分辛苦的。当然，也有年轻人自告奋勇地来扛高凳，他们都是门口愿意捧会的。但是会里并不会让他白扛，有时管一顿捞面吃，有时候会给为数不多的一点钱。以20世纪50年代出会的标准而言，一般是扛高凳两角，打门旗三角，打督旗三角。但对于这样的人，老会会进行严格的划分，这部分人属于雇来的人，不属于玩会的人。过去，行会都是靠步行，十四个角色七个高凳一个人扛一个，一趟会跟着走下来负重可想而知。后来，有了三轮车，雇一个人一块儿推着行会。另外，出会时也有人扛着部分备用腿子，以防在表演中腿子折了无法替换。

棒槌是整个会中的核心角色，特别在出会时，关于礼节方面的规矩全掌握在棒槌手中。换言之，棒槌不但要指挥队形变化，决定什么时候开始，什么时候结束，每一场表演的时间长短；还要应对出会时突发的事情，如会会相见，突然遇见商家截会等，都要做出灵活反应。众会员要听从棒槌的指挥，只有棒槌懂规矩，把握好时间和分寸，才能统领全场表演。按照老惯例，"棒槌不停，其他人就不能停，无论演多久，都要一直演下去"。特别是在过去，拜会行会都要依靠步行完成，再加上过去的会组织也比现在要更加密集，所以经常在路上有会与会相见的情况。比如说有几道会同时都到一处会组织拜会，这就需要按照一个先来后到的顺序进行表演。这样的情况下，表演的时间较短，走简单的队形，因为后面的会都踩在腿子上等着上场，不能一直占据场地。在表演完之后，要赶紧离开表演场地，给下一组会"腾地方"。否则会影响会与会之间的关系，被其他的会认为是不懂规矩。在特殊情况下，具体演出哪一段，就要看棒槌的引领了。譬如行会过程中两会相遇，棒槌首先举起来，头锣马上住点。头锣看棒槌，其他锣鼓看头锣。这就要求头锣跟棒槌配合紧密，棒槌的变化引导锣鼓点变化，进而引领整个行会队伍的变化。

除此之外，会员在出会时的言谈也十分重要。出会前，老人都会叮嘱，一旦上了角儿，就得守规矩，就算下面有熟人叫你，喊好，也不能答应，更不能随便说话，东瞅西看。出会途中遇见什么事情了也不能去管，因为这样很容易注意力不集中，走错队形。一般情况下，出会时都会派一名主事者跟着队伍。会员们只需要认真表演，听从指挥就可以了。另外，因为当时在高跷会能上场表演的人往往是本地有一些名气和影响力的人，很多会受到众多女性的喜爱与追捧，依照老会的人说就是高跷界的"角儿"，因此，无论在会里会外，不能打着会的旗号和女性之间有不正常的接触，这是一条不成文的会规。据说，原来会里有个上白杆的会员，长相俊美、身材修长，被一个看会的姑娘看上了，总去家里"缠磨"他。但男方的妈妈不同意两方交往，会里老人也让白杆的表演者同姑娘保持距离。女性因爱会而对表演者渐生情愫的事情并不偶然，过去常在出会之后有女性跟会并在会所等待的事情发生，但是同乐老会从来没有在这方面出过问题。

过去行会过程中是绝对不能抽烟的，对于很多有烟瘾的会员，出会也是一个很大的考验。一旦"上了桩了"，就必须把烟灭了，无论多大的烟瘾都不能再抽。只要一抽烟，就会受到老会员严厉的批评，甚至马上把抽烟者的腿子解了，找别的会员替换他来演出。但是，有时候遇见上会时间较长、路途较远的情况，老会员也会根据情况，发话让大家抽烟。但是无论一支烟有没有抽完，只要叫锣一响，所有人必须马上都得把烟灭掉进行表演。拜会时到了别人会所不能抽烟，就算是对方会将点心和烟卷摆在桌子上作为招待，也不能抽烟，吃点心。如果吃了，会被笑话为"臭要饭的"。在各会的会帖上，这方面的禁忌也有呈现，一般上面都会印着"茶水点心，一概不领"的字样。

除了行为上必须有规矩外，老会还对会员们的"眼神"进行了限制。上会之前要化妆，这时候也不能东张西望，有小会员不懂规矩的，老人就会拿着掸子打屁股，叱喝道："看嘛呢？"中营后老会的老会员们经常教导小会员们说："一锅鱼，满锅腥；一人做坏事，全会都搭进去。"

在行会过程中看见其他的会，叫锣发出信号传递给棒槌，棒槌要侧着身敲。因为行会场地不同，如果棒槌按照平时，只在身前敲，很可

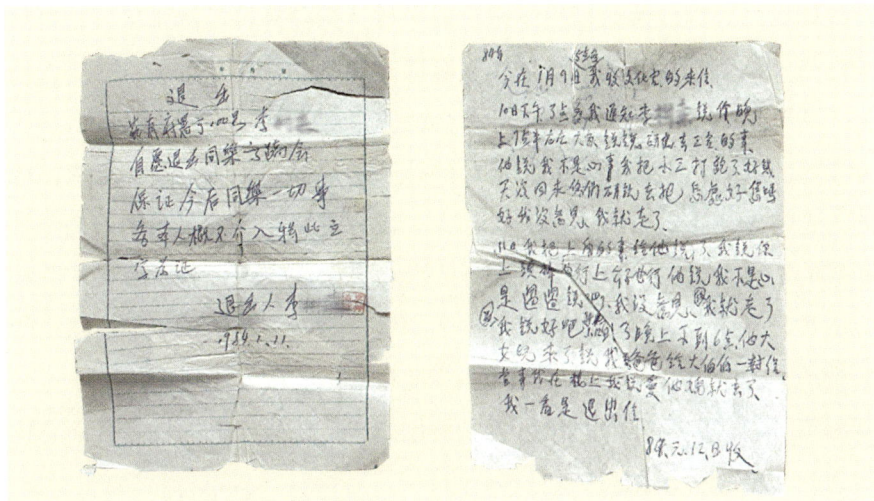

刚复会时，退会会员向会头递交的退会书

能后面的表演者会看不见他的指令而继续表演。当暂停表演之后，会员们要将手彩儿举起来尽量靠一边站，给别的会让一条路，这表示互相尊敬。走近了之后，两会人还要捧着手彩作揖，嘴上说着"辛苦辛苦，您先走"。一般来说，资历较浅的会要让资历较深的会先走，两会大概走出去四五米远之后，才可以重新起点。一般懂规矩的会与会见面都需要马上停止表演，如果继续表演不但会被认为是不懂规矩，还会被认为是不尊重对方，遇上较为年轻气盛的会甚至还会有打起来的可能性。

棒槌是会中的权威人物，代表着会的脸面。不但对其基本功要求很高，还需要懂各种规矩。无论是行会中还是拜访会窝子，都要有随机应变的能力。业内有这样一种说法："惹祸不惹祸，全都看棒槌。"这就是说，出会时棒槌要有"眼力见儿"。根据当时的场面引领队伍，何时起点，何时驻点，何处表演绝技，何处一带而过，演员们都需要棒槌的发令来进行表演。20世纪30年代，同乐老会在南门里遇见了神童高跷，两道会都没有驻点（即停止一切响器），会见会不驻点被认为是会与会相处的大忌。因此两会产生了很大的矛盾，用随身携带的水果刀把绑腿子的带子割断，打了起来，据说当时还有好多会员的头都被打破了。后来，两道会又重修于好，同乐老会会头李凤龄和神童高跷老会的会头十分要好。因此，老会员们安排年幼的孩子学什么角色时，对棒槌表演者的人选格外慎重。必须选择"自己人"或者是"老门口"上的较为知根知底的人。另外，过去在关系较好的会与会之间，可以相互借人，弥补会中暂时有角色出不了会。但是棒槌和锣鼓四件却是绝对不能借给别的会救场。过去还有这样一种说法，棒槌和公子的演员不在会里，整道会就出不了了。因为其他的角色可以替代，只是在演出时的技艺方面有优劣之分，而这两个角色必须是本会的。

玩高跷的人当中有一类人被认为是"艺高拿人"，这类人一方面是因为自身技艺十分高超，在会里或者某一个领域中技艺超群，不能被其他会员所替代；另一方面是家中很多人都玩会，且承担着重要角色的扮演。当他们对会头或者出会的布置有不满时，"艺高者"会找各种理由临时不上角儿或集体"罢演"来作为对抗。当遇见这样的情况时，就需要会头或主事者的临时调遣，或从别的会借人来完成出会任务。一旦耽误了出会，会里会外就会对时任会头的能力产生怀疑，会头的地位也会受到影响。所以，如果家中有事情出不了会，需要提前三天和会里打招呼，让会头改派他人代替，绝对不能临时借任何理由不出会。

会里十分讲究辈份，先入会的就是长者，后入会的要听前辈人的教导和安排。

会繁荣与否，不是一个人玩起来的。会头的领导组织能力十分重要，但是也和会员们的参与热情密不可分。就算会员之间再有什么矛盾和过节，也不会影响到出会时的安排和布置。在他们看来，如果因为个人问题影响到了会的名声是不能原谅的一件事情。据老人们回忆，会里曾经发生过一名60多岁的会员（下称甲会员）和一名70多岁的会员（下称乙会员）产生矛盾，前者被后者打的事情。产生矛盾的原因并不复杂，只是为了一个表演用的锣。乙会员有亲戚在平安高跷会上会，他有一个从祖上传下来的苏州锣，造型精美，价值不菲。甲会员平日就十分爱好高跷，见到这枚锣之后，十分喜爱，就央求乙会员的亲戚能不能给自己敲一下试试。但乙会员的亲戚因考虑到锣的年代久远，没有同意，于是两人吵了起来。一怒之下，乙会员打了甲会员几个耳光。但被打的甲会员并没有因此事而记恨乙会员，因为第二天要出会，所以甲会员带着自己的妻子去乙会员家赔礼。而乙会员也正在为自己冒失打了甲会员的事情而后悔，如果因为此事影响了第二天出会，自己要负很大一部分责任。所以，双方很快就和解了，第二天的会也没有受到丝毫影响。对于会员们来说，个人的得失和会的利益比起来，显得十分微不足道，一荣俱荣一损俱损，出会的黄报早已经贴了出去，会帖也早已经下完，点心茶水也已经买好了，如果因为会内的矛盾出不了会，那整道会都会沦为笑柄。

五、会与会的交往

从前，会与会交往较现在更为密切，规矩也比现在更为繁复。两会交往，得有会帖，认帖不认人。即便同辈人见面，会辈老的一方会被尊称为前辈。若年轻人持资历久远的老会会帖前来换帖，也会受到对方会里的认可和尊敬。会帖有红、黄色之分，黄色会帖是要进行设摆的会组织用的，如一道会添置了新的执事、衣服要进行设摆，下帖请别的会，用的就是黄色会帖。收到对方的帖之后，老会需要还帖，提着点心前去祝贺，表达祝福此会永久存在的意思。红色会帖用于出会途中，会会相见时使用。老会保存最早的会帖是20世纪30年代换得的，一张写"西门北城隍庙东武学前全乐卫龄合作高跷老会仝拜"，另一张写"东马路崇仁宫前崇义京秧歌会末等仝拜"。东马路崇仁宫前崇义京秧歌会20世纪

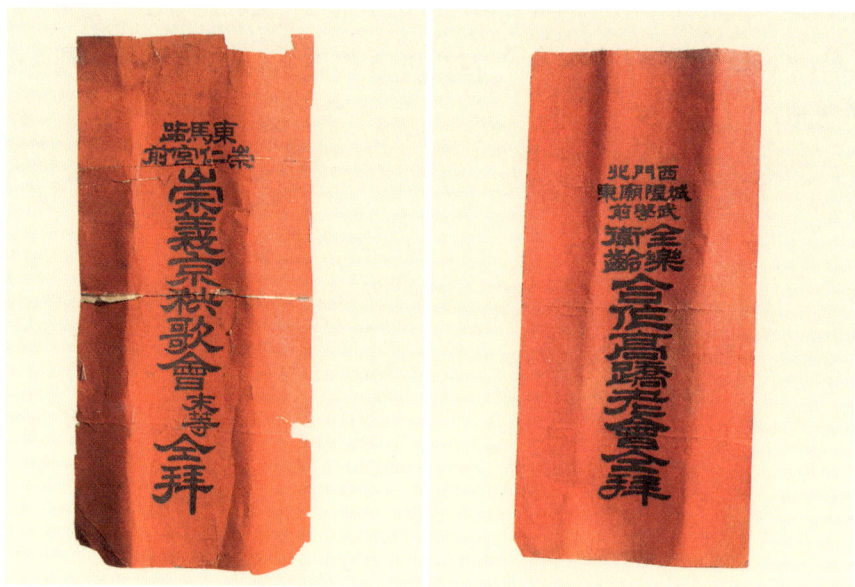

在老会收藏中年代最久的两张会帖

50年代就散了，至今没有再恢复起来。据李凤龄老人介绍，现在无论新立的会还是年代久远的会，都会在会帖上写"××老会"，但在过去，挂"老"字得有资格，如果新立或者技艺不够优秀的会称自己为"老会"，会引起会内外的质疑，还会有人上门"讨教""老"字的来历。能称得起"老会"二字的会组织讲究很大，一定会有相关历史记载、由谁传来的相关说法。

会与会的交往，无论会种是否相同，都会一样交往。高跷会与法鼓、中幡、狮子会等交往并不鲜见，一般情况下，会与会的交往仍以相同会种为主。据同乐老会介绍，关系相好的会有西码头百忍京秧歌老会、全龄高跷老会等。见面之后要相互捧对方会的优点，这是礼节，更是会规。两会会员相互寒暄时，不分老少，相互称为"爷"。即便只有三十岁，也要挂上姓，称其为"某爷"。当时场面要这个味儿，离开后各自按辈分称谓。如今老人不禁惋惜，现在拜会，也再难出来这个味儿了。

懂得礼节的会组织不会时常设摆，对于其他会来说，只要被下一次帖就会产生一次挑费。邀请别会来设摆要提前用黄纸写好会帖，上面有设摆日期，和"请贵会光临"等字样。拜会者到达下处后，要观察周围有没有其他的会也在拜会，如果有其他会，要讲求先来后到，排队进行等待。到了自己的会，稍一寒暄后，要跟对方说："你们忙，我们就走。"考虑对方设摆是喜事，来者众多，拜会点到为止，不多打扰。拜会的礼物没有具体的标准，但至少要八斤点心和一封贺信。这八斤点心不能用盒，讲究系包，四包一提，一共两提。经济上富足的会组织设摆，十分讲究排场。一般要削好荸荠，撒上白糖，上面插上牙签，供来拜会的人享用；点心准备得也很充足，一人一份。而对于经济条件没那么好的会，只能把点心盛在一个大盘子里，看到来了人拜会，挨着分给大家。接待拜会，需要一定的财力，主要消费品有茶水、点心、烟卷等。在老会藏有的会帖中，其中一张全龄京秧歌老会会帖上写有"本会茶水点心一概不领"。意思是来拜会者提的礼品一概不收，对方预备的东西不吃也不拿。如果行会的时间很长，会员们已感到疲惫不堪，那也要在快到对方会窝的时候，提前歇脚休整，喝水，抽烟，吃一些点心，免得到达对方下处再麻烦别人。但如果两会关系熟络相好，吃一些也是无妨的。有人比喻，会与会间的拜访如同邻居间相互串门一样，随意不随意要看之间的关系。据同乐老会会员回忆，在1955年时，西码头京秧歌老会曾经来同乐下处进行过拜会。当时，西码头的前场颇有气势，浩浩荡荡，共来了一百多人。因为同乐下处盛不开这么多人，只好安排在中营小学的操场里。这次拜会会员们共抽了七条烟，吃了十三盒点心。因为这天恰是大年初三夜里九点多，卖点心的商铺都关门了，只好在附近的十多户邻居家中挨着借的点心。到了第二天一早，老会差人去买了点心挨家还回去。依照老会礼节，前一天有会组织到下处拜会，第二天要在自己的门口贴上大黄"谢报"，谢报内容大致如"感谢××会对我

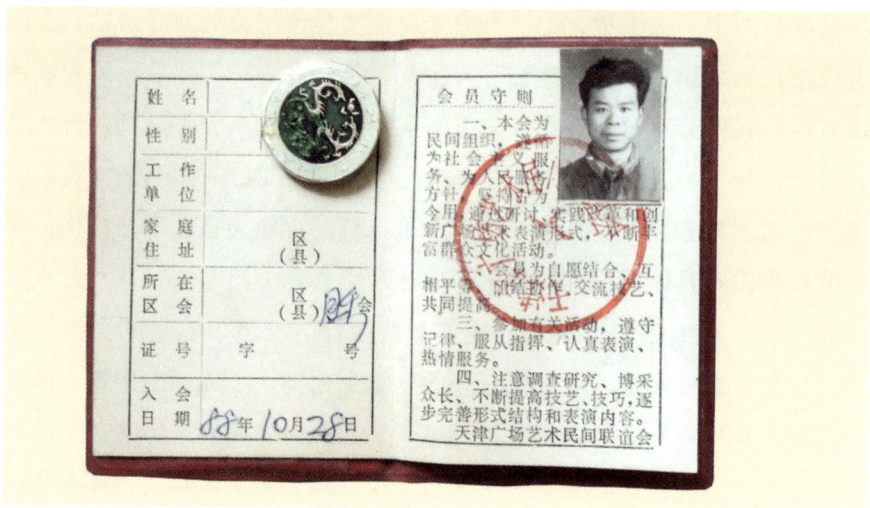

天津广场艺术民间联谊会所颁发的会员证及会徽

会的特别招待……我们全体会员敬谢"。对于比较"阔"的会，接待十道会没有什么问题，但对于同乐来说，基本接待四拨儿会就负担不起了。虽然同乐老会的经济状况不如很多有大商户支持的会组织，但是他们认为，自己的会不但懂规矩，而且技艺上面也不输给别会。到别人会窝子拜会，需要选择一些技艺水平较高的表演者，若功夫没到家，就很容易"现世"。像棒槌、公子这样的重要角色更是得选腿子硬、功夫深的会员担当。

同乐老会袖章

讲义气也是会间交往的一大讲究。尤其在遇上意外情况时，更要显示出会与会间的义气。有一年，同乐高跷赶往狮子林桥斗方胡同去拜一道龙灯会。在表演的时候，突然下起大雨来，把会员们的衣服、头面都弄湿了。会员们把服装脱了，头面、腿子都卸了。等了很长时间，雨都没有停，老会要告辞，但龙灯会却说："你们甭管了，人走，东西留下，一准没问题。"第二天，龙灯会把同乐的衣服、假发晾晒好，一样不缺地用大圆笼给送了回来。同乐收到东西后，立即写了谢报。转天，会头带几位会员，挎香袋前去拜谢，并将谢报贴到对方门口，以示两会相好。直到今天，此事还被同乐老会会员津津乐道，在他们看来，这就是礼节。又比如，曾经有会组织来同乐老会拜会，不小心在下处门口摔一跤，第二天老会马上差人前往医院探望，在他们看来，玩会要懂礼节，更要投入感情。

按老辈规矩，会员一旦加入某会，一般情况下不能再参加到别的会中。但因经历过"文革"，部分会组织大伤元气，很多老会并没有复会，因此人员配备不齐，会组织间相互派人帮忙，也逐渐成了常态。一般需要借人的会要带会帖前往对方会组织下处拜访，申明来意后，将所需的角色、时间等细节告知，换帖后等待对方会头批准。借人的会需要对对方格外尊重，一般要提八斤点心到对方下处。演完后，还要留被借的人吃饭表示感谢。但能互相借人的前提是会的表演形式和锣鼓点儿要一样，老三点和烂三点的会不能相互借，来往较少、关系不密切的会也不相互借。

在会与会的交往中，还有"借道"一说，具体讲的是：会组织前往某处拜会，若途中经过其他会组织下处，该如何处理关系的规矩。例如，20世纪80年代，邵公庄莘韵吹会刚复会举办设摆，设摆下帖邀请同乐老会参加。同乐老会收了会帖，打算前去祝贺，但去往邵公庄老会下处需从西码头百忍老会下处门口经过。巧合的是，当天西码头因新添置了几套服装，也在进行设摆，他们只是针对老门口上的小范围设摆，并没有给同乐老会下帖。但同乐与西码头两会交情深厚，从门口行会却视而不见，实属不懂礼数。因此，同乐马上给西码头下帖，并差会员从附近买了一面镜子和八斤点心前往西码头会所。西码头的会员接到会帖后，马上派"叼刷子"过来，会员们表演着本会的绝活儿蝎子爬过来迎接，头棒上来抢棒，请同乐会员们休息。抢棒槌多发生在高跷会之中，是在拜会过程中，主方请拜会方驻点休息的意思，通常表达一种敬意。若是拜会方将棒交给对方，对方头棒便会将此棒槌高高举在头顶，并在前方引路，将对方棒槌在自己会所供起，放在最尊贵的位置。但也有关系交好的会，因为十分熟络，便会故意不给棒，而是卖力气地"摆一场"。倘若到不是十分熟悉的会组织中拜会，一定不要故意不给棒，因为这会给对方会造成故意挑衅的错觉。同乐老会马上和百忍申明，这次不是专门拜会，而只是借道，因邵公庄吹会下帖在前，必须遵循礼节会规，先要前去邵公庄，返回后再来拜访百忍。万一被邵公庄知道了同乐老会先在百忍玩，而后到邵公庄玩，这对两会的关系也十分不利。当天在邵公庄吹会拜会结束后，同乐又返回到西码头下处，并耍玩了一番。在百忍老会的这次表演中，各道会因为在同行面前，所以更是拿出比平时更大的"斗志"，各逞其能，亮出本会绝活儿——四角子，基本每个角色都进行了表演，用了近三个小时才结束演出。四角子只在极少的情况下才表演，如在关系密切的老会会窝子中演出。据李凤龄回忆，老会只表演过两次四角子，时间都是20世纪50年代。除了在西码头表演过之外，还有一次是在尚师傅坟地表演过。

会与会相处时，也要注意很多方面的禁忌，如果处理不好，很容易让会组织之间产生矛盾。如去往某会组织拜会，路途中恰要经过其他会组织的下处，这时候提前下帖并不恰当，好像是有意让人预备东西等待着，最好的方式是在行会中，快到对方会所再下帖，这样最为自然、妥帖。

六、会中三拨人

过去，玩会人的心态不尽相同，想从会中获得的利益也不一致，因此参与人员十分复杂，有吃会的、扒会的和捧会的，这几部分人都十分重要，在某种程度上形成一种合力，使得会可以正常运转，会与会之间的关系也得到平衡。没有这些人"掺和"，会是根本玩不起来的。当然，玩会人是保持会组织正常运转中最重要的一部分，也是付出最多、对会组织感情最深厚的人群。玩会人最多的就是表演会员，他们对会的情感表达与付出方式在前文中已经有了较为详细的介绍，在此就不做过多阐释了。此处只对其他三部分做简要介绍。

1. 吃会人

即以老会的名义捞得好处，或蹭吃蹭喝。吃会人不但在高跷会中常见，在其他玩意儿类型的会组织中也都普遍存在。虽然，人们对吃会人的行为并不认同，但各老会一致认为，吃会人是玩会中必不可少的一个群体，没有吃会人很多事情是办不了的。因为这部分人普遍能"摆和（huo）"，能惹惹，并且具有很强的活动能力和社交能力，凭借自己的一张巧嘴筹得赞助。如果遇见不愿意出钱的，会讽刺此人小气，一般人会怕这样的人出去宣扬，对自己造成不好影响，迫于压力只能捐钱。如遇见愿意出钱的，会对此人进行大肆吹捧，让其赞助更多的钱。但他们这么卖力游说也并非全部为会谋取利益，而是时常打着办会的名义敛钱后，自己私吞一部分。有时敛了500元，却只给会里300元。面对这样的情况，会头通常是睁一只眼闭一只眼，默不作声，交代会里的帐房先生写好黄报。无论此人年纪长幼、辈份高低，只要为会敛钱都要尊称为"爷"。如王姓人募得100元，自己吃了20元，公布时仍要写"王二爷助会100"。但是另一套账要写实际情况，即助会80元，另20元被王二拿走。过去，吃会的人较多，甚至出现专职靠此吃饭的人。有时候募得的不是金钱，或许是布匹、点心之类的物品，吃会人也会拿不同程度的回扣。但遇到敛来的钱多，仍按原数报账的人，会头也会看在眼里，体谅其辛苦，并给其一定辛苦钱。譬如敛得1000元，并如数奉交会中，会头给将100元支付此人。入账时仍写"助会1000元"，但后面标注"消费100元" 实际上是作为辛苦钱进行奖励。

2. 扒会人

扒会分为"外人扒会"和"自己人扒会"，或者称为"扒别人的会"和"扒自己的会"。会与会的相处，有很多规矩只能意会不能言传，老会员不会像传授其他技艺一样讲出来，而是要靠会员在与其他人的交往过程中慢慢体会其中的处事方式。在他们认为，听话听音，技艺、执事上不能落后于其他的会，在气势上更是要压倒其他的会，不能吃"气"。也就是说，玩会儿的人往往都很争强好胜，不愿意承认自己的会比别人差，因此难免出现一些人为了显示自己的会比其他会更强而恶意中伤他者，去"扒"别会的现象。比如：会和会相处时，有"冲熟"这一说，这就是"外人扒会"的一种外化表现形式。据李凤龄老人回忆：

> 有一次在娘娘宫出会，我们会在庙前等着。看另外一道高跷会（全龄）也来娘娘宫出会，见面问我们："几位吃了吗？没吃的话那有煎饼果子，我给你们摊去。"嘛玩意儿？我们在家不吃，跑这儿吃来，你还给我们摊煎饼果子？跟手（紧接着），约（yāo）四斤点心给他们送过去了。他们这句话了不得，嘛意思，煎饼果子把我们（会）都卷出去（天后宫）。会这玩意儿玩儿的是钱，说一句话，明白人一听就得吃疑。后来，在澡堂子见面，他们跟我说："大爷，我们不是有意的。咱们都觉得不错，摊煎饼果子没嘛意思。"

我说："二爷，说不错的，玩这个玩意儿就怕疑性话，您还不懂嘛？！"他没言声。还有，有事就怕讹人，讹人就臭要饭的，叫人家看着，因为不是你一人在这儿讹，各会都睁眼看。

遇见有外人"扒会"时，不能表现出来，更不能"言声"出来和"扒会人"吵闹。出会时人多嘴杂，好事坏事都会一传百里，为了不给会带来影响，一般会都会选择"忍"。以老会员的话来说就是："想玩、爱玩，就得忍着。"

"自己人扒会"的情况虽然让人情感上难以接受，但在很多时候恰恰成为会繁荣发展的动力。比如，在过去，基本住在会组织周围一带的民众都会支持本门口上的会，但也不乏有人会成为"扒会"的人。这种人在表演时或人多时说："我们门口那个高跷，那是嘛玩意儿呀，简直一帮臭要饭的。"一旦这话要被周围人听见，特别是传到住在门口上那些有钱有势的"捧会人"耳朵里，常常会十分不悦。为了不被外人看不起，为了挺会，常常会无论贫富一起捐助老会，置办头面和衣服，使原来简陋的会逐渐繁荣起来，以此来封住扒会人的嘴。扒会的人往往口才较好，爱说长道短，面对这样的人反而不能动粗，也不能躲避他。当会里置办了什么东西，得到了什么支持，会头得高接远迎捧他，让他见证本会越来越好的过程。但这其中，一边吃会一边扒会的人，最为人所不齿。在老人们看来，他们缺少玩会人最起码的"义气"，属于"吃两头"又"得了便宜卖乖"的人。

3.捧会人

捧会的是往外拿钱的，一般这些人都是真心喜欢会的人。通常情况下，捧会的遇见扒自己所捧会的人心里很不满意，往往会在对方面前甩出钱来支持老会，通过这种方式来压扒会人的言行。众人拾柴火焰高，捧会人包括有钱的大商家，但更多的是一些住在会门口的普通民众，可

以说，会的成功与否全在于捧。因为捧会人是会组织最大的资金支持
者，所以也会被会里人奉为座上宾。支持会的方式有很多种，根据情况
的不同，捐助的财物也不同，有铜钱、现大洋、纸币，如果没有钱，捐
助一定数额的物品也可以做助会之用，如面粉、蔬菜、布匹、茶叶等。
但是并不是每一名捐助者都能有机会执掌叫锣，通常出资最多的捧会者
被委以叫锣的角色。比如，在物品相同的情况下，有捐助了两袋面，有
人捐助了四袋面，有人捐助了八袋面，如果后面没有更多的了，那此人
就是这次出会掌管叫锣的人，如果有人捐助的是面粉，有人捐助的是茶
叶，那要根据市价进行过一番衡量之后再来决定谁的价值较高。在20世
纪50年代之前玩会时，没有八袋面通常是拿不了叫锣的。所以在过去，
一看到持叫锣的人不是玩会的会头，那一定是拿了大钱的捧会人。一时
三刻出完会后，捧会人的叫锣撂下，会头一作揖，说句："谢谢爷，多受
累了！"这次捧会所出的钱就算两清了。除此之外，背香袋也是给捧会
人的一种"福利"，以此表达谢意。

七、会与民商的关系

老会一直在中营后一带有着良好的口碑，不但技艺高超，给老门口上的人"争了脸"，严格的会规也使老会和当地民众的关系十分融洽，深受本地百姓喜爱。至今，老会员们还说："同乐老会不是一个人的会，是大家伙儿的会。"以20世纪80代刚复会时为例，会员和家属们都为会提供了很大的帮助。由于在"文革"中老会损失惨重，基本没有留下什么能用的东西，衣服、头花、执事、手彩儿都要置办新的。但刚开始会里没有启动资金，老门口上的商户们也都没落了，钱只能靠大伙儿一起攒。1982年冬天开始着手，大伙集中力量置办东西。准备了一年多，直到1983年9月30日才进行了复会后的第一次设摆，并于同年10月1日第一次出会。

这一年的时间，老门口上的人可以说是各尽其能，尽心尽力帮助同乐。因为钱少，会里用的东西，只能一样一样置办。置办的第一样物品是一个陀头发（又称大发，头棒装扮所用假发），因为正好碰上正在打折的，比较

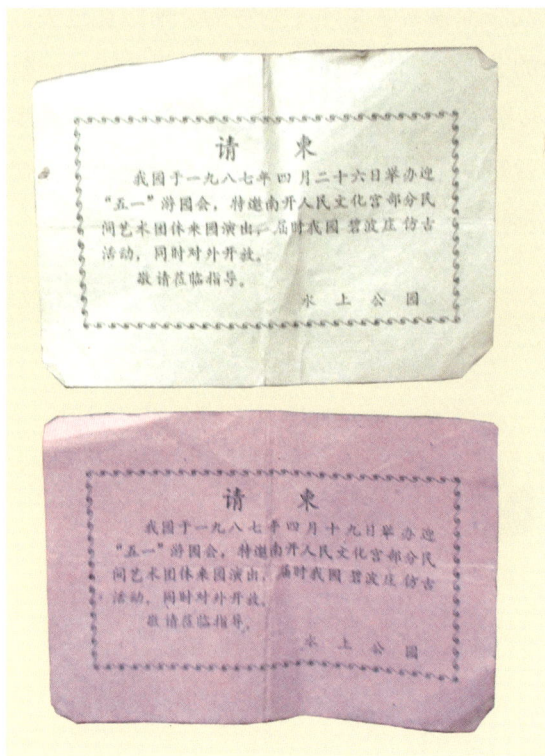

1987年天津水上公园落成，邀请同乐出会时所发的请柬

便宜。置办的第二样物品是锣鼓四件，老会要立起来，就要先发出声音，要把响儿敲出来。这之后隔了很长一段时间，分几次才买齐了14个角色的衣服料子，会员发动家属、亲戚、邻居中手巧的女性，依照记忆配色，出样子，参照乐胜服装的尺寸，免费做衣服。据老会员徐金生回忆：

> 光给会里做疙瘩襻（盘扣）的就有六七个老太太。很多女人不会做戏服，为了给咱会做衣裳都是现学的手艺，比如说为了学做这疙瘩襻，杨家姑奶奶特地去劝业场百货公司学的。都是在古文化街，买好布料、针线、配饰、面纸，回来自己剪，自己缝。

为了节约开销，除了衣服要手工缝制，会里的各种旗子也是自己做的。首先要买布，之后请人写字，把字剪下来后贴在做好的旗面上，然后再固定。督旗、门旗、手旗，都是这样做的。旗子上的小装饰品，如穗子、旗顶，以及高跷腿子，也都是大家自己做的。另外一些做不了的东西，如假发、髯口等，是会员们挑较便宜的时候买的。就连第一次设摆时用的点心，也是老会附近邻居们凑的。

面对老门口上民众的热情相助，老会铭记在心，并以实际行动回报他们。如在老会的下处一带，治安非常好。用会员的话来说，"下处门口常有一帮人练，总是人来人往，对拧门撬锁的不法分子是一种威慑"。不管谁家出了事，只要胡同口一喊，会里人马上有人来营救。另外，同乐老会中的水缸、水桶上都写着"消防"二字，无论附近哪一家着了火，会里马上派人救火。这源于门口居民的长期支持，老会认为，给老门口上乡亲们提供帮助是一种义不容辞的责任。

过去，除了本地民众的热情相助，基本每一道会背后都有一个或者几个有经济实力和社会地位的"地方精英"和财团的赞助，在新中国建立前这种情况尤为突出。通常，会组织越出名，赞助人的实力就越大，投资力度也就越大。同乐老会因是"老城里"的会，而"老城里"又是当时天津整个城市的经济、政治、文化中心，对文化关心和具有经济实力的个人和组织相对也较多。因此，同乐所获得商业投资和赞助的机会相对其他城外的会组织来说，的确更为优越，用会员们的话来说就是"穿的用的都是好东西"。同乐立会之初所用的资金，大部分也是靠敛化得来。但是如何又能得钱又能让出款人自愿，还得讲求方法。比如有大买卖家在门口住，会里必须有能说会道又有一定权威的人去说捧他："大哥，您看这会好吗？"对方通常会说："在咱门口上的会当然好呀！"这时候，会里人要把握机会说："这是您的光彩，这会也给您露脸。"接着要在这买卖家门口演一场，演完了问："大哥，您看渔翁怎么样？"对方回答："渔翁好，不错。"接着问："您再看看这袍子怎么样？"对方马上明白了，这是要用一种比较温和的方式"敛钱"。一般会说："这袍算我们的！"一般情况下，会为会里置办几套衣服。所以，"越出会越有钱"是玩会人心照不宣的规矩，要是会组织出会的机会少，没有什么名气，自然募得的资金就会越少。

在20世纪初至40年代的这段时间，对老会支持较多的商铺主要有以下几家：

第一，经营华竹绸缎庄的叶家，曾经对老会赞助颇多。父亲名字不详，儿子叫叶贵青（音）。

第二，麻袋陈。相传，陈家最早做油漆匠，每年冬天快要过年之时，要前往租界给很多洋行和商铺的窗户"过水"。有一次，有个洋行的外国人想要找人写匾，陈家人就为他请了一位书法很有造诣的人完成了这件事情。外国人对此很满意，后来逐渐对他信任了起来。在偶然的一次机会中，外国人告诉他，外贸市场上麻袋十分紧俏，他得到消息以后，就给外国人找到了卖麻袋的人，外国人让他联系这笔业务，并给他一个不菲的差价。后来外国人回国，便把经营麻袋的买卖交给了他。陈家一共兄弟五人，自此他们开始轮流经营家中的麻袋生意，五年一次进行轮换，20年过去了，当陈家老五接手生意的时候恰逢天津解放，这生意也就做不下去了，陈家家道中落，但据说在后来的"土改"运动中，曾经从陈家的地窖中抄走很多金条、珠宝、玉器、银元之类贵重的物品。

第三，花旗洋行。最早这家人是做给外国人擦玻璃的差事，后来有了点积蓄，创办了商行。这家和皇会有一定渊源。他的父亲也参加皇会演出，因技艺高超在天津小有名气。家族兴旺之后，对会组织还是十分有感情的，因此，在经济方面给了老会很大的支持。

这些家商户一方面为会组织提供资金的支持，每次出会，只要老会托会员去到店铺下帖，这些商行就会去账房，支出出会的费用，有时候也会直接在商行里"包头"，从商行出发；另一方面，他们会给老会"换"衣服、"换"旗子。行会时，衣服、鞋子及饰品等物，作为损耗品使用寿命较短，需要定期更换。因此，这些赞助的商行会为老会置办相关的物品。而作为对支援老会的这些人员和商铺的回报，老会只需要去往这些地方表演一场就可以了。

除了商家对老会经济上的支持，一些有势力、有威望的人也对老会进行维护。在20世纪30年代军阀混战的特殊时期，本地的一些军阀也参与到维护本地会的过程中去。据李凤龄回忆：

> 当时，离我们门口不远的地方有位张司令，是个白胡子老头，是军阀司令，挂着拐棍儿。住那门口的人没有人受欺负，他说"谁受欺负，就等于欺负我"，他要知道这块地界上的人在外面受欺负了，就会派人去处置。他就是护着门口人。比如说，谁犯错逮进去了，去找他，他就说"甭管了"，随后就去局子里把人给要出来，那是准出来。天津人特别讲究人情，还喜欢救兑人。很多穷人，到

了过年没钱，找了有钱的人家进去磕个头，一般都会给点钱，让你把年下这几天过了。

不但本地百姓对自己老门口上的会有感情，还有很多同会接触过的人对会十分有感情。在采访中，笔者发现有几种情况。过去，天津的会组织较为密集，基本每个村都有会，甚至在一条街上有几道会同时存在。有很多会组织在后来逐渐解散了，热爱会的民众就把对会的感情寄托到别的会身上。在20世纪80年代的时候，有一个小伙子是西头永丰屯西池八仙鹤龄老会的会员，表演娘娘的角色，后因意外英年早逝。他的家人对会也建立了很深的感情，以至于一看见会中的旗子就会痛哭，经常睹物思人。后来只要有会去他们的家门口演出，这对夫妇就会在门口摆整条的烟和多盆点心供会员们享用，并给演出的会100元钱作为酬劳。

会与会在相处时规矩较多，稍不注意就会触犯一些"不能触及"的规矩。特别是在1924年、1936年两次皇会时期，恰逢时局动荡，会与会之间的冲突也比较多。但在老辈玩会的人看来，如果玩高跷的人缺少了这种冲动和义气，"这会还真玩不了"。玩会儿要想玩得好，就必须要有一些地方势力的保护与参与，才能保证出会时有气势，不被人欺负。原来给同乐老会做担保的是西门里时任手枪队队长的刘兰亭，过去同乐只要在出会前给一张会帖，刘兰亭就会派手枪队的队员和地方的保甲长护着会员们行会。见面的时候得客气地说"刘爷您多关照"。对方也会说，"甭管了，明天给你派人，回来有嘛事儿我就去找谁谁去"。这不但可以保证在出会时，其他会组织不会借机找茬，发生冲突，同时也可以壮大自己会的声势。会中老人说：

> 我们要出会，得去给门口上那些有势力的人送帖，告诉他们
> "我们要出会了您得去啊，咱们门口好看，对您也露脸"，得捧
> 他。这帮人讲义气，护着咱这一块的威望。咱不用给他们钱，他们

觉得这是义务。在他地盘上的会老受欺负，他也觉得没面儿。特别是在日伪时期，必须得有一些当地帮派的支持，还得有保长、甲长，没有他们很多事儿做不成。再早些时候，就是县太爷出面，让衙门里出点儿弟兄，衙役什么的，跟着出会，一样的。自古以来就这样，若想玩会，就得有官方参与，没有这些人参加，会就通不了官面，也玩不了。到明儿，一出会，看到有挎着手枪的人在门口站着，等着出会，咱们会一出去，嚓，长脸。

但是，大商家或资本家支持玩会的情况到"三反五反"以后就没有了，这段时期是同乐高跷资金最为紧缺的一个时期，一下子从"阔"的会变成了穷的会，出会用品大不如从前，没有钱添置新的物品，衣服坏了缝一缝就出会。在20世纪80年代，老会复会之后，还有部分人因对老会感情很深，也资助过老会。如红桥区建设工程队总经

媒体报道中的同乐老会

理张家驹曾对老会进行过资助，每次出会都会给几百元会费，并为老会
置办了一部分新执事。作为回报，老会有一次出会请此人执掌头锣来表
达敬意和感谢。

第三章

程式与技艺

一、角色

同乐老会所表演的故事取自《水浒传》群雄聚义的故事。其中根据人物设定和表演程式的不同，又分为若干子故事，如打渔杀家、石秀砍柴、三打祝家庄等。十四个角色均出自《水浒传》中的人物，根据原作人物性格，在表演中赋予相应的肢体动作及唱词。具体人物分别是：

头棒（棒槌）——武松

二棒（英哥）——王英

文扇（老坐子）——顾大嫂

樵夫——石秀

白杆——扈三娘

公子——施恩

青杆——孙二娘

渔翁——肖恩

傻妈妈——王婆

傻儿子——郓哥

头锣（俊锣）——肖桂英

二锣（丑锣）——李逵

头鼓（俊鼓）——燕青

二鼓（丑鼓）——时迁

头棒（左）二棒（右）

坐子（左）樵夫（右）

儿子（左）妈妈（右）｜头鼓（左）二鼓（右）

白杆（左）公子（右）

头锣（左）二锣（右）

二、表演程式

行会与表演时，分上场门和下场门。通常情况下，上场门为老会表演时脸面对的方向，下场门为入场、退场的方向。新增加主席台观会的形式后，上场门为正对主席台的位置。

表演步骤	表演程式
号佛（三选一）	《大五福》《小五福》《八仙佛》
出场（三选一）	圆场、架骆驼、拉山子（上山）
一般表演程式	单加篱笆（龙摆尾）、双加篱笆、插花篱笆、正月牙、反月牙、大螺丝（众星捧月）、小螺丝、正螺丝、反螺丝、分棒（二龙出水）、四角子（四板凳）
特殊表演程式	公子逗全场
下场（二选一）	圆场、拉山子（下山）

老会演出时基本队形有十几种，分别为：圆场、加篱笆、二龙出水（分棒）、弯月牙、转螺丝、四角子（四板凳）、架骆驼、拉山子、公子逗全场等。这些基本队形往往又套着子队形，并可变化衍生出其他队形。如：加篱笆可变化为单加篱笆（龙摆尾）、双加篱笆、插花篱笆；转螺丝可变化为大螺丝（众星捧月）、小螺丝、反螺丝、正螺丝；月牙分为正月牙、反月牙；拉山子分为上山、下山。这些队形根据场地的不同和表演时间的长短，可随意组合，变化出不同的队形和阵势。根据不同的演出场合，还会加入号佛、四六八句（唱词）、抓彩等表演形式进行穿插。简而言之，去往"过交情"之处表演，就得多"耍"会儿。

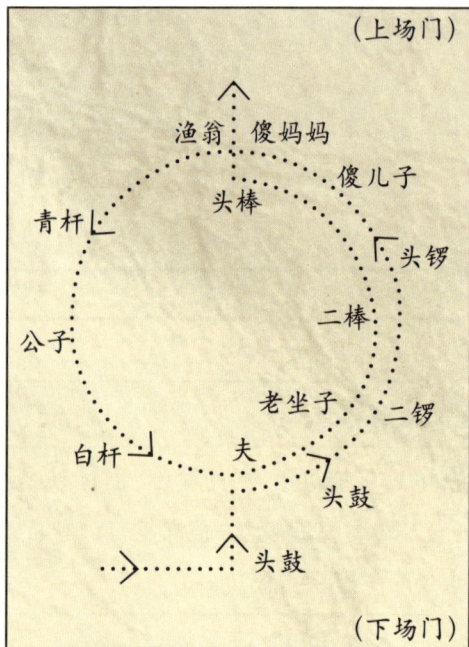

圆场

圆场：所有的表演者由头棒带领，按照二棒、老坐子、樵夫、白杆、公子、青杆、渔翁、傻妈妈、傻儿子、头锣、二锣、头鼓、二鼓顺序，依次走成一个圆形，即头棒和丑鼓首尾相接后，所有演员脸朝外表演动作。如：樵夫表演登山，白杆表演挎篮，渔翁抖羊口（胡子）等。一般出场后先从下场门处从左往右转，如果是主席台式的表演，转满一圈后从下场门处下场，如果是行会中的表演，要转满一周半以后由头棒将队伍从上场门处拉走。走圆场时，表演者们要认真注意头棒的指令，为下一步队形变化做好准备。

架骆驼：又称拉骆驼、活骆驼，是本会表演的绝活儿之一。架骆驼是不常表演的一套动作，一方面，架骆驼表演对表演环境的要求比较高，场地必须宽敞平

在娘娘宫门前进行架骆驼表演

坦；另一方面，因为架骆驼难度较大，对演员的身体素质和技艺水平要求很高，最好是由技艺高超的年轻会员表演；再一方面，架骆驼是本会绝活，必须要在去往交情交好的会或者参与重大活动时才表演。表演时，走在最前面的是渔翁，他将腰间的丝绦摘下，一头牵在自己手中，另一头让头棒用嘴叼着。公子、樵夫、青杆、白杆四个人要做成一个活动"底座"，其中青杆、白杆将内侧手臂挎在一起，外侧手握手彩儿站在前排，公子、樵夫也挎着胳膊，将手彩儿用外侧手握住

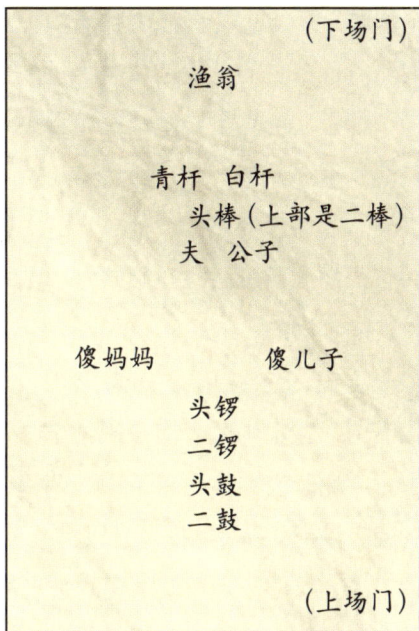

（下场门）

渔翁

青杆　白杆
头棒（上部是二棒）
夫　公子

傻妈妈　　　　傻儿子
头锣
二锣
头鼓
二鼓

（上场门）

架骆驼

站立在后排，四个人在一起搭成"花柱子"，站得越紧越好。头棒需要提前将手中的棒槌交给会下的人，将膝盖跪在青杆、白杆肩膀上，手撑在公子、樵夫肩膀上。其他人的手彩儿还握在自己手中。这时候需要特别注意的是：头棒一定要将腰沉下去，但是头要抬起来，嘴里叼着丝绦的一头。二棒（英哥）坐在头棒屁股上，不能坐在腰部，一旦坐在腰上，头棒不容易立起上半身，"骆驼"也很容易塌掉。傻妈妈、傻儿子并排跟在骆驼后面，后面是排成纵队的锣鼓四件。同乐的骆驼分为上中下三层，架起骆驼仍能继续前行，因此广得人们好评，堪称天津独一份的"活骆驼"。一般架起骆驼来，要围着圆场转一圈，大概五六分钟。在架骆驼的过程中，锣鼓四件要用烂三点进行伴奏，待转了半圈之后锣鼓四件一落点，骆驼最顶层的小英哥要唱《叫卖歌》。歌一停，骆驼继续走完剩下的半

个圆场。历史上，同乐老会表演架骆驼最有名的一次是从冰上过狮子林桥，给直隶督军褚氏兄弟表演。至今，老会中还保留着一张架骆驼的珍贵照片，是20世纪80年代初天后诞辰时在娘娘宫门口表演拍摄的。

拉山子：拉山子分为上山和下山，在上场时表演拉山子上山，下场时表演拉山子下山，两者的表演形式基本相同，只是称

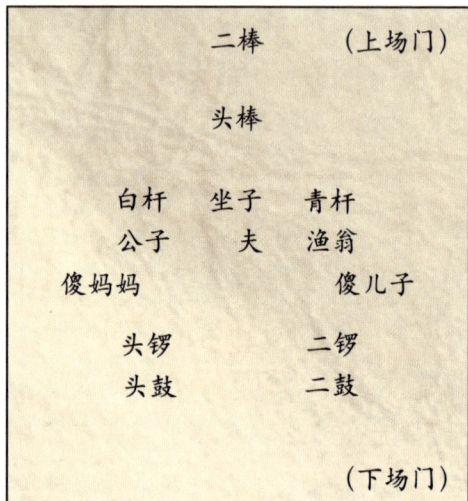

拉山子

谓不同。拉山子走在最前面的是表演倒蹲的英哥（二棒），头棒紧随其后表演蝎子爬。后面跟着两人一组的三个纵队，从右往左依次是青杆、渔翁一组，坐子、樵夫一组，白杆、公子一组。再后面跟着的是妈妈、儿子，但是不排成固定队形。队伍的最后面是头锣、二锣，头鼓、二鼓，锣在前，鼓在后。从整体来看，除了锣鼓四件外，其余表演者排成一个类似于"山"字的形状。

单加篱笆：又称龙摆尾，顾名思义，是说表演者在行会的时候，按照交叉的队形走，从侧面看像篱笆编起来的围墙一样，加篱笆是行会时最常表演的阵势，尤其适合空间较为狭窄的情况。具体的表演方式是，头棒从下场门入场，带领二棒、老坐子、樵夫、白杆、公子、青杆、渔翁、傻妈妈、傻儿子、头锣、二锣、头鼓、二鼓走成一列纵队，走到上场门处，棒槌亮相后转身，绕过二棒呈"S"型往回走。后面的表演者依次走到棒槌亮相处打脸，转身呈"S"型往回走，直至最后一名表演者走完。头棒又到了队首的位置。

双加篱笆：头棒、二棒各带一队，走成纵队。头棒后面跟坐子、白杆、青杆、傻妈妈、头锣、头鼓；二棒后面跟樵夫、公子、渔翁、傻儿子、二锣、二鼓。走到上场门处，头棒、二棒亮相并同时转身往回走。分别向外绕过坐子、樵夫后，走内部绕过白杆、公子，依次走到队伍最后方。第二队延续第一队的方式，呈"S"型往回绕。直至最后一对表演者走完，头棒、二棒又到了队首的位置。

插花篱笆：头棒、二棒各带一队，走成纵队。头棒后面跟坐子、白杆、青杆、傻妈妈、头锣、头鼓；二棒后面跟樵夫、公子、渔翁、傻儿子、二锣、二鼓。走到上场门处，头棒、二棒亮相并同时转身往回走。但头棒、二棒转身之后并不直接绕到坐子、公子外侧，而是在内部走一个十字交叉后再绕到外侧，绕回来后，继续要走十字交叉，后面的每一对也要依照第一组的路线行会。直至最后一对表演者走完，头棒、二棒又到了队首的位置。

月牙：可以分为正月牙和反月牙。正月牙表演时，由头棒带领队伍走一个大弧度，每个人之间保持一定的距离，到月牙尖的位置头棒亮相，其他角色也跟着亮相。往回走时要走小弧，整个行会路线要走成一个类似月牙的形状。反月牙行会路线与之相反，先走内部小弧再走外部大弧。走月牙的时候，一定要拉开表演者之间的距离，这样才能看出队形的大体轮廓。

转螺丝：分为大螺丝（众星捧月）、小螺丝、正螺丝、反螺丝几个小的表演程式。大螺丝的表演方式为，头棒带领全部人员走圆场，头棒斜插到场中间，高举手中棒槌连续敲击"梆梆梆梆"，二棒带领队伍围着头棒开始顺向转圈，并越聚越小，最后将棒槌包围在中间，形成一个三层的圈。其中最内层的为头棒；中间一层为樵夫、坐子、白杆、公子；最外层为妈妈、儿子、锣鼓四件。在表演大螺丝队形时，表演者的脸部要向外，用眼的余光看是否能和周围人对齐，一边转一边走，直到所有人都聚集成螺旋状。最好是所有表演者都能肩并肩，以极小的步伐横向挪动。小螺丝的队形是：头棒和二棒各带一个纵队，头棒带坐子、白杆、青杆、傻妈妈、头锣、头鼓；二棒带樵夫、公子、渔翁、傻儿子、二锣、二鼓。头棒、二棒分别在中间，其他人以此为圆心，脸往外开始转，最终形成两个各有七人的小螺丝。正螺丝是按照顺时针方向行会，头棒依然在最中间，其他人围绕他走成越来越小的圆，当人与人之间的距离小到一定程度后，棒槌连续击棒发出指令，示意表演者要变化反螺丝表演队形，其他的角色收到指令后，开始呈圆形队形逆向旋转，随着人与人之间的距离逐渐扩大，逐渐形成了一个松散的大圆，回到最初正螺丝之前的队形。老人们常用"蚊子香"来形象地形容"正反螺丝"两种队形的变化。

转螺丝对表演者的要求很高，以排列的队形越紧密越好，这样不容易"散"。表演时，执手彩儿较大的樵夫、白杆、青杆等角色要把手彩儿竖立起来，紧贴住身体。一方面是可以让队形排列更为紧密，另一方面是防止勾到其他表演者的假发或衣服。另外，在表演的时候，所有表演者的脸要往外，因此只能用余光来观察是不是能和左右人对齐。完整地表演四种转螺丝的队形，通常是"没钟点"，"下一场"需要的时间很长，如果不是遇到交情特别好的会，通常情况下轻易不"下"。

分棒：头棒和二棒各带一个纵队，头棒带坐子、白杆、青杆、傻妈妈、头锣、头鼓；二棒带樵夫、公子、渔翁、傻儿子、二锣、二鼓。头棒、二棒走到前场门时亮相打脸，各自转身从外侧往回走，走到队伍最后端的头鼓、二鼓身后。

四角子：四角子分为简单双出双入、复杂双出双入、四角子（又称四板凳）三种表演类型。无论表演哪种程式，锣鼓四件都不下场，只在下

场门处进行伴奏。剩余的十个角色逐一进行表演。其中，简单双出双入
是较多表演的程式，即头棒、二棒，坐子、樵夫，白杆、公子，青杆、
渔翁，傻妈妈、傻儿子分别两两一组，从下场门走到上场门进行打脸。
复杂双出双入，是在简单双出双入的基础上，再出场进行二次表演，即每
组出去两趟，第一趟只亮相打脸，第二趟根据角色的不同加入各自的表演
动作。四角子是最为复杂的表演程式，一般不轻易表演，只在拜关系较好
的老会时才进行表演。一对角色表演一套四角子队形大概需要四十五分钟
的时间。若五组角色整套表演下来，大概需要四至五个小时。在表演四角
子时，按照坐子、樵夫，白杆、公子，青杆、渔翁，傻妈妈、傻儿子两两

20世纪80年代老会出会盛景

一组出场表演，头棒、二棒不参与表演，
锣鼓四件只在下场门处进行伴奏，也不参
与表演。第一趟从下场门走到上场门处进
行的亮相打脸，被称为"单出单入"。第
二趟再出场按照四个定点的位置进行的走
位表演，才是真正的四角子表演。四角子
的表演路线如下：角色A先来到位置①，
表演角色特定动作；后走到位置②表演另
外一个动作，同时，角色B来到位置①。

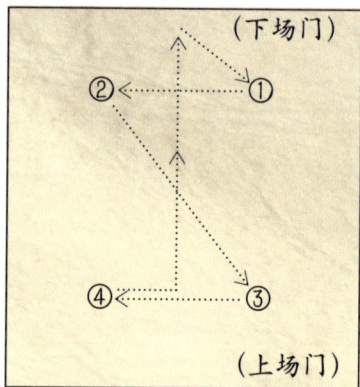

四角子

A在位置②表演完后，走对角线来到位置③亮相；同时，角色B来到位置
②。角色A从位置③走到位置④表演完动作后，又返回位置①等待角色
B。角色B跟随角色A路线走完后，也来到位置①，AB两角色汇合，一组
四角子表演完成。其余四对角色，也是按照此路线进行表演，只是在四角
子的各个位置用自己角色的代表性动作进行打脸，退回时的动作没有太多
要求。一组四角子表演完成后，后面的组也按照此走位顺序进行表演。需
要注意的是，每一处位置上的表演动作尽量不要重复。

第一组出场的是坐子和樵夫，坐子一出场共有三个缠腰，一出场
就是一个缠腰，另外两个缠腰完成时正好来到前场，一个垫叉亮相，等
樵夫过来。樵夫来到前场后，表演一个登山的动作，两个人一起表演缠
腰。樵夫在往回走的时候，把樵夫担子放在老坐子的肩膀上，两个人一
起回到后场。坐子的动作比较简单，难度最大的是缠腰，主要是看稳不
稳。在四个角上基本都是扭，保持身体的婀娜多姿。樵夫在第一个角上
表演登山，第二个角上表演元宝服，

第二组出场的是白杆、公子。首先白杆和公子先来到前场打脸，公
子表演元宝服，白杆表演涮腿。公子要表演扑蝴蝶的动作，第一个角时

公子发现有只蝴蝶在自己扇子附近飞，他拿起扇子来左看右看找蝴蝶。走到第二角时，开始扑蝴蝶，用扇子和手一起抓，每次都以为抓到了，却总是没抓到。第三个角时公子扑到了蝴蝶，握在了手和扇子之间，想从手指缝里看看，却不小心让蝴蝶飞走了。第四个角公子因为没有扑到蝴蝶，表现得很沮丧，却一回头看见了白杆走了过来，就开始一手拿扇子一手撑起外袍逗白杆。两个人一起往回走的时候有一个搂腿的动作，即白杆单腿跳跃，另一条高跷腿子被公子握住，公子表演蝎子爬两人一起倒着退回到上场门位置。

第三组出场的是青杆和渔翁，两个人背对背走到前场后，各自表演一个缠腰的动作，后跟一个垫叉动作，亮相之后回到后场门。在出四角子时，青杆先出，走到第一个角表演涮腿，第二个角表演缠腰，第三个角表演挎篮，到达第四个角时，青杆要等渔翁汇合。渔翁第一个角表演的是撒网，要做出撒网出去的动作；第二个角表演倒网的动作；第三个角表演打渔的动作，在倒上来的网上检查有没有鱼，看到鱼之后要装入腰上挂的鱼壶里；走到第四个角时，渔翁要和青杆汇合，看鱼壶里的鱼，却发现什么都没有，在两人一愣神的功夫，发现鱼已经又掉在水里游走了，渔翁用手一指。随后渔翁在前面表演抖髯的动作，白杆或表演挎篮或表演背剑，一起下场。

第四组出场的是傻妈妈、傻儿子，他们走四角子的时候最精彩随意，动作活泼生动，还常常会根据场合与气氛，随时上演"抓彩儿"的戏码。这组四角子表演的氛围最为轻松，时间长短、表演动作等各个方面也不做过多限制。

公子逗全场：公子逗全场是较少表演的一个程式，是一种选择性的表演程式。一般逗全场是在走完圆场后表演，所有角色围成一个圆形，公子走到圆场中间，公子手执扇子随机点到哪个角色就和他对着表演，可以在原地表演也可以来到场地中间表演。每个角色在表演时只需要展示自己角色本身的动作，如：公子表演垫叉、抖袍，英哥倒蹲、坐子转圈，樵夫铡草，渔翁逗髯口，两杆垫叉，儿子踢球，妈妈拽轴等。在表演逗全场时，各个角色也可以演唱四六八句，一方面可以调节气氛；另一方面演唱的过程相对轻松，表演者们可借此机会稍作休息。锣鼓四件虽然也在场上跟着转圈，但是公子不逗他们。公子逗完了全场后，把扇子打开转一个圈，这时候锣鼓四件要准备驻点了。这个过程中，锣鼓四件要敲两遍驻点的节奏，所有角色一起表演，把气氛烘托至顶峰。在驻点的一刹那，所有的人都要整齐地做一个动作——垫叉。

三、伴奏与唱词

锣鼓四件被称为"会胆"，会在表演过程中的节拍全靠四个人的伴奏与配合。会中人形容说："他们就像为京剧伴奏的鼓佬，无论唱得再好，没人伴奏，那个感觉也唱不出来。"因而，在锣鼓四件的选角与训练上，会中老人们也格外重视，基本是按照和棒槌角色一样的标准选择。在平时的表演中，锣鼓四件不能随便往外借。同时，锣鼓四件也是行会过程中最累的表演者，虽然没有动作和唱词，但是因为从行会到停会的过程中，锣鼓四件都要响起来，基本没有可以休息的时间。老三点的高跷会最怕遇见烂三点的高跷会，老三点只有三个点，最重要的功夫在"唱"上，比如"渔樵对答"、"公子下场逗坐子"等；烂三点一起点，节奏快、激烈，很容易把老三点的气势给"压下去"。

棒槌听到叫锣发出要表演的指令后，要连续"给（敲）棒"，"梆梆梆梆"给出要玩的信号。然后锣鼓四件要根据指令开始变化锣鼓点了，由原来的行会三点改为烂三点"咚不隆咚一咚咚、咚不隆咚一咚咚"。虽然都是津派高跷，但是笔者在采访中发现，业内普遍对玩烂三点的高跷会较为轻看。这种看法有一定的历史原因，据说在某一个时期，有几支玩烂三点的高跷会打着参加皇会的理由在社会上到处敛财，引起了民众的广泛不满。而烂三点中七点的"咚不隆咚一咚咚"，恰好与"没羞没臊吃点心"节奏一致，虽然时过境迁，高跷会敛财的经历已经成为了历史，但是人们至今仍然会将此事作为笑谈。

行会时的锣鼓点是"三点行会点"。原来的是老四点，鼓点是"咚不隆咚齐，咚不隆咚齐"。配合脚下的步伐是迈三步，往后坐一步。但是后来随着交通条件的改善，很多土路变成了柏油马路，路上自行车、摩托车、汽车也多了起来，考虑到行会时的安全问题，"走三退一"的行会方式不适合在马路上长时间行会，因此将行会时间较长的四点变成了较节省时间的三点，使原本一个钟头的路程二十多分钟就走到了。三点行会点的鼓点是"登齐登登，登齐登登，登不愣登起，楞登"。三点还用在走没有特殊要求的队形之中，如拉山子时，头棒蝎子爬打的也是这个点。

玩会时用的鼓点是"七点"，和一般的烂三点不同，烂三点一般是四个点、五个点、六个点。七个点是"镲个啷镲齐镲镲，镲个啷镲齐镲镲……"持续循环敲。在节奏上，中间没有任何变化，用表演者的话来说就是"直上直下"地敲。一般在走圆场的时候用。

执叫锣者走在队伍最前端，根据现场的状况为表演者发出开始表演、暂停表演、结束表演等相应信号。在行会过程中，也要隔一段时间敲一下，用会里人的话说就是"让会显得不那么清静"。

行会点：会员们在场地聚集完毕之后，执掌头锣者只需要敲锣边"镲"一下，会员们就正式开始行会。

上会：叫锣先连续敲快节奏"镲镲镲镲镲镲镲镲……"引起表演者和周围观众注意以后，再间断敲"镲、镲"两下。棒槌接收到叫锣所传达的信号后，根据场地情况对其他表演者发出相应的表演信号（具体信号见棒槌技巧），其他表演者根据棒

执掌叫锣

槌发出的信号进行表演。

加篦笆点：在表演单加篦笆、双加篦笆时有专门的鼓点，"镲镲起镲镲镲镲起镲镲，镲镲起镲镲镲镲起镲镲……"

收会点：表演中如果遇到突发情况需要紧急暂停时，执掌头锣者只需要敲一下"镲"，棒槌就会根据此信号发出相应信号，停止表演。

下会点：在整个表演完全结束的时候，锣鼓四件会敲"咚不隆地咚，咚不隆地咚，咚不隆，咚不隆，咚不隆咚，咚，咚，登起，咚不隆地咚咚"。以鼓最后的演奏作为收尾。在所有四角子的表演中，只有傻妈妈、傻儿子表演时，怕锣鼓声的节奏太强，掩盖住表演时的对答对唱，因此锣鼓四件要停止伴奏。而其他角色表演时，依然要根据表演的锣鼓点进行伴奏。待妈妈儿子一唱完，棒槌要连续击棒，引起大家注意后，变换新的队形，锣鼓四件重新起点进行伴奏。

出会时，会员们跑场尽兴了，感觉有些疲惫了，会在中间穿插唱词表演。一方面不会冷场；另一方面可以让会员在场下轮流休息。同乐高跷不但讲究演，也讲究唱，词儿一唱出来，内行一听就明白了。唱词过去有很多段，但是现在已经基本失传。高跷里面唱词很多，根据角色不同，唱相应的一段词，但基本都离不开水泊梁山中的人物故事。根据角色划分，坐子唱《卖豆》（失传），渔翁、樵夫唱《渔樵对答》，樵夫唱《卖干柴》，女角唱《天上星多四句》，男角唱《西凉马超爱穿白》《李逵生来好莽撞》和《醉打山门》（失传），妈妈唱《瞧亲家》（失传），公子唱《逃学》。目前，会头李凤龄会唱其中的几段。

渔樵对答

天上星多数不清，

水里鱼多水不明。

地上花草开不败，

世上人多心怀不公。

解放后，《渔樵对答》唱词因时局变化略有改变，前三句唱词没有改变，最后一句改为"世上人多团结一条心"。

卖干柴

哎，打柴担拜着石秀，

祝家庄上取来卖干柴，

没有俺的打柴乐来，

你看一品官员；

一到山前听鸟言，

一到山后摸摸俺的板斧，

没有俺的打柴乐来，

你看一品官员。

西凉马超爱穿白

哎，西凉马超爱穿白，

嘿，罗成没来，

三锤击走裴元庆，

击，击走了裴元庆，

听来你看一品官员。

李逵生来好莽撞

哎，李逵生来好莽撞，

手拿板斧梁山上，

砍倒杏黄旗，

大爷们闹个忠义堂。

逃学

每天我上学都不去学校，

二两小八件每天带。

书包沟眼儿搁，

我满市乱晃悠，

除了弹球就踢蛋。

回到家来，

家长要问什么书，学的嘛，

我是一概不会。

是没有俺的公子哥乐来。

在所有角色中，只有傻妈妈、傻儿子有随时"抓彩儿"的唱词和唱腔，而其他角色必须严格按照唱段进行表演。在傻妈妈、傻儿子唱的时候锣鼓点都要停止，听他们进行一问一答式的对话及对唱。这两个角色在极大程度上考验了表演者的应变能力，所抓的"彩

今日，老会虽已不再，但只要凑在一起，老会员们还是会让手中的家伙响起来

儿"通常是临时看到的景、物、人，进行即兴加工后，变成一个又一个的"包袱"抖给观众。根据时代的不同，各个时期"抓彩儿"的内容也不尽相同。据会中老人李凤年的回忆，基本上每段唱词都深受人们喜爱，其中一段内容如下：

抓彩（一）

傻儿子：哎哟，妈妈咱们别提显摆了。怎么了，我的妈妈，你上哪儿去了？打年前我找你。

傻妈妈：我年前去看买灶王龛[1]去了。

傻儿子：你能学（xiáo）一段吗？

傻妈妈：糖瓜祭灶新年来到（唱）。

傻儿子：你还哪去了？

傻妈妈：我还去估衣街了。

傻儿子：你去估衣街干嘛去了？

傻妈妈：我看打灯去了。

傻儿子：那你给我学（xiáo）一段？

傻妈妈：灯儿，抱小孩啊，金鱼拐子大花篮啊。一弹一个灯，两弹一个炮，三弹买个提了灯。

抓彩（二）

傻儿子：哎哟，我的妈妈，你上哪儿去了？

傻妈妈：我看节节高去了。

傻儿子：在（dǎi）哪了？

傻妈妈：介（这）不都是吗。

1.天津本地在每年的腊月二十三有送灶王爷上天的习俗，在这一天要给灶王爷供奉糖瓜，意为灶王爷在吃了糖瓜后，嘴被黏住了，上天见到玉帝之后不说这家的坏话。过去，不但每年要换新的灶王爷年画，还要换装灶王爷的灶王龛。

这一段唱词的意思是形容看会的人多，很多大人把孩子举上肩头，像节节高这种表演形式，同时，节节高也有美好的寓意，象征生活越来越好。抓彩抓得精彩，会获得人们的赞扬，引得满堂欢呼。但因为是临时抓彩，抓得不好也容易祸从口出，使得表演者和观众之间不愉快。过去有会在行会表演中进行临时抓彩，看到有个女观众在一扇架满了铁栏杆的窗户后面看会，表演儿子的演员唱到："你干嘛去了？"妈妈表演者抓彩唱道："我看接监去了。""在哪儿呢？""那不嘛。"然后把手指向了窗户后的女子。这样的"包袱"惹怒了窗后看会的女子，马上召集了很多人来和会交涉。本来这只是临时抓彩，戏谑在铁栏杆后面看会的人，但是因为形容人站在牢笼中，并用探监来形容，却使得观众极其不满。

另外，老会在进行绝活儿架骆驼表演时，也有专门的唱词唱腔。当骆驼架好之后，所有的锣鼓点要先停下，队形三起三落后，开始唱《叫卖歌》。过去叫卖歌有很多段，现在只有两段得以流传。

叫卖歌（一）

大褂红果买芍药，

青稞老子买莲蓬，

老蹦的莲蓬，

唉，老蹦的莲蓬。

叫卖歌（二）

唉，花盆里面栽的，

窗户上摆的，

青枝架地，

绿叶儿配地。

我吆喝一声，

哎哟！迎春花呀！哎！

　　同乐老会还有号佛仪式，锣鼓三起三落，然后进行号佛、上香仪式，主要唱的是四、六、八句，失传之前有12段之多，主要曲目有《大五福》《小五福》和《八仙佛》。这几种号佛的唱词在演唱时有场合上的限制，例如，《大五福》主要是在天后宫宫殿前为娘娘祈福时，由全体会员集体演唱。《小五福》是在拜会时，在其他会组织的会所中演唱，目前《小五福》已经失传。《八仙佛》是出会前，会员们在老会下处中演唱，来为此次出会平安祈愿。但是拜会时也有特例，如果去西池八仙老会，就必须号《八仙佛》。号佛曲目一般是以靠三（山）调和阴阳调来演唱，西黄二板进行伴奏。下面是几段没有失传的号佛曲调。

大五福

阿（呀）弥（呀）陀（呀）佛（呀），念了一声，

玉皇大帝要把众臣选。

嘿，前祝钟离来朝贺。

选来你看。

阿（呀）弥（呀）陀（呀）佛（呀），念了二声，

二郎要把太阳赶，

赶来你看泰山压顶永不翻身。

阿（呀）弥（呀）陀（呀）佛（呀），念了三声，

三国好汉数着关公，

关老爷大刀一举，

惊坏了玉皇大帝。

阿（呀）弥（呀）陀（呀）佛（呀），念了四声，

四海龙王要把雨来行，

小白龙脱下四层雨，

雨来你看龙王落地。

阿（呀）弥（呀）陀（呀）佛（呀），念了五声，

玉皇娘娘生来又美灵，

唉嗨，生来又美灵。

号佛歌

阿（呀）弥（呀）陀（呀）佛（呀），念了一声，

达摩过江快如飞，

梵王太呀去唪经。

阿（呀）弥（呀）陀（呀）佛（呀），念了二声，

二郎担出一直往东，

泰山压顶永不翻身。

阿（呀）弥（呀）陀（呀）佛（呀），念了三声，

三咒感应护法韦陀，

杨柳枝儿供在水瓶。

八仙庆寿歌（一）

钟离大仙离终南，哨——（锣）

南极宫中祝寿筵，

眼前走过李铁拐，

拐杖葫芦福寿双全。

全凭我张果老的渔鼓把词儿唱，

唱的是跳出红尘自在清闲。

闲吹铁笛曹国舅就到那南极宫中庆贺一番。

犯风花的吕洞宾斜背口宝剑，

剑口豪光透广寒。

韩湘子也来祝寿，

寿桃寿面装在花篮。

蓝采和的玉板飘过东海，

海屋添筹积如山。

山中的何仙姑正在采，

采来灵芝送寿仙。

八仙庆寿歌（二）

领：（啊哎）五（哇）色祥云（哎）半空飘，八仙庆寿下山。

合：（哟）来你看头洞神仙汉（哪）钟离（哎呀）。

领：二洞吕祖把宝剑背着（哎呀哎呀呀），曹国舅阴阳大板声音嘹亮
（哎），蓝采和口吹平定一管竹（哇）箫，（哎）张果老骑驴在云
端走。

合：（来你看）何仙姑（的那个）笊篱（哎）肩头儿扛着（来我的天呐
儿）来（呀噜嘿嘿）。

李神仙铁拐儿一（呀）条（嗬）韩湘子花篮。

领：王母娘娘赐（呀）南极老寿星。

跨定一只（呀）鹤（嗬嗨喽），朝圣人选出来了无价。

合：宝（来你看）太极（也）神图（哎）万园来朝，

（来我的天呀来哎哎）太极神图万国来（呀）朝。

八仙庆寿歌（三）

领：（嗬哎）五色（哎）祥云半空（嗬哎）飘，

合：八仙庆寿赴过了蟠桃（来），

你看头洞神仙汉钟离（呀嘿）赤面长髯耳坠金环来（唉）。

领：吕洞宾斜背着一口。

合：七（来）星的宝剑（来哎哎），

一朵落莲花呀一朵梅花。

仙风道骨骨非凡（哪呀呀嘿），

蓝采和的笛，

曹国舅的板，

铁拐李的葫芦冒青烟，

张果老骑驴桥上走，

（太平年来）张果老的渔鼓（喂）天上旋（来年太平）。

领：何仙姑笊篱盛捞寿面，

韩湘子花篮开放了牡丹。

合：众八仙全历来上寿（来），

又来了（喂）献桃（哎）小（了）小的小白猿（呐），

（我的天也来哎嗬哈啊哈嗨）福如东海寿比南山。

（以上唱词均根据李凤龄口述整理）

四、动作与技巧

　　同乐老会的表演角色共有十四个，每个角色都是出自《水浒传》中的人物，根据不同的划分标准，可分为正面角色（头棒），反面角色（公子）；男角（樵夫、丑鼓、俊鼓），女角（青杆、白杆）；老人（渔翁），小孩（英哥、傻儿子）……人物特征可谓十分鲜明。各个角色都有符合人物性格的动作和造型各异的手彩儿，身段和姿势的不同，为这些角色的刻画更增添光彩。和动作的丰富多彩形成鲜明对比的是腿子基本功要求的一成不变。在老辈人看来，不管动作有多花哨，腿子硬不硬才是关键，行话说就是要看"脚底下有没有根"。可以说，如果腿子踩得不好，动作多漂亮也会大打折扣。过去，经验丰富的老人儿在那一站，腿子一过去，根据踩腿子的声音和走路有没有带风，就准知道这人踩过几年腿子。要是一轻响，那是功夫到家；要是"呱"声很重，那准是新练的。到有水的地界必须迈小步，大步走容易滑倒，如果拔起脚走，更加保险。另外，遇到路上有瓜果皮，完成动作时要格外小心，这些都是踩腿子的"大害"。

　　头棒（棒槌）——武松：头棒的手彩儿是一副棒槌，利用棒槌在身体周边位置用不同方式击打，不断变化动作。棒槌的棍法共有十八路，如果打全正好要击一百零八下，这恰与老会表演的剧目《水浒传》中的一百零八名好汉人数不谋而合。头棒扮演的是武松，根据人物性格的描述，应该是嫉恶如仇又机智英勇的正面形象，因此表演时的动作都是"大架"。即头棒的亮相要威猛，动作要舒展，在表演时，脸要正面给人看，腰板要挺直，臀部要下沉，腿得抬起来，不能闷头打棒。过去同乐老会中有一名姓李的表演者，出场十分有气势，通常是先打脸亮相，然后把腿高高抬起，加上一个亮靴底的动作。后来这个亮靴底的动作成了他的招牌性动作。头棒在会中担任的是最为重要的角色，除了要负责引导表演队形变化、改点、开点、驻点外，其本身的动作也是最多、最复杂的。其中最具有代表性的是十八路棒法，此套棒法是由十八种单组的动作组成，一般一个动作分为左右两边，各打四组。可根据表演场地和时间长短，选择几路棍法进行组合，并不见得一气儿都打出来。比如，在行会中表演，可以在第一个地方一种组合，后面变

头棒——会中的灵魂人物

成另一种组合，不能到任何地方都玩一样的棒法。具体如何组合，要看棒槌表演者对棒法的熟悉程度，讲求变化多端又丰富的动作形式。若想从头到尾将这十八路棒法表演出来，那需要极好的体力和耐力。十八路棒法具体包括：缠头过顶（套花篮）、插花、大尖子鼓、小尖子鼓、单背剑、双背剑、海底捞月、托塔、莲花棒、蝎么脚、蝎子爬、铡草、水仙棒、五下、七下、八下、滚子棒、倒蹲。十八路棒法的具体动作十分复杂，对演员的基本功要求很高。

二棒（英哥）——王英：最初表演时，小英哥的手彩儿是掸子、花篮或是马鞭，主要的表演动作是倒墩儿和蝎子爬。20世纪80年代复会后，天津高跷界流行二棒，也就是一个表演程式中有两个棒槌，英哥的手彩儿也换成了棒槌，只是英哥的棒槌比头棒的棒槌尺寸上更小一些，所以英哥也被称为"二棒"。英哥演的是矮脚虎王英，所以扮演此人物

棒槌耍起来

的演员会选择一些年纪较小的少年。另一方面，因为同样用的是棒，动作上也和头棒有相似之处，老会员在选择时会有意选择部分有前途的孩子，随着年纪的增长和技艺上的提高，如果孩子的悟性较强，将来会有意往头棒角色进行培养。英哥表演的主要动作较少，有蝎子爬和倒蹲儿。蝎子爬一般在出场的时候用，在表演的时候，英哥单腿着地，另一条腿向后抬，上半身上扬，把脸部露出来，双手在头上部击棒。倒蹲儿一般在下场时表演，表演的时候臀部要往下坐，上身挺直和大腿呈90度，小腿又和大腿呈90度，脚呈外八字形站立，两膝盖分开。表演时双腿一起跳跃后退，手中所执棒槌根据节奏进行交叉击打。

樵夫——石秀：樵夫的手彩儿是樵夫担子，表演时左肩担担子，右手小指与无名指向手心弯起，剩余三指伸直。行会时，随着担子的上下摆动，右手要指向担子的前部，眼神也要配合右手的摆动，达到担子、手、眼三点合一。樵夫的动作主要有登山、铡草和元宝服。登山的动作要领是，大腿尽量和小腿呈90度弯曲，膝盖和地面垂直，抬右腿时左臂挥起，抬左腿时右臂挥起，左右两腿轮换进行。在表演铡草的时候，左边握樵夫担子，左手和右脚同时抬起，右手和左脚同时抬起，随着左右脚的来回替换，胳膊也要在身体两侧上下挥舞。在表演元宝服的时候，胳膊在身体两侧上下挥舞，两条腿要分开比肩膀略宽的距离，同时横向跳跃，注意手和脚要配合起来，不能同手同脚，要"抡圆"了。樵夫的动作虽然简单，但因为表演起来幅度较大，还要注意表演力度，可以说是最"受累不讨好"的角色。

老坐子——顾大嫂：顾大嫂的表演动作较少，只有一个缠腰，行内讲求"坐子表演主要看稳"。严格来说，缠腰不算是坐子独有的动作，每个角色表演动作中都有缠腰动作。但因坐子出场时往往是连续三个缠腰，即360度的三倍1080度，因此可算是难度较大的。缠腰一般在上场、下场时表演，且得一气呵成完成三个连贯缠腰的表演。表演缠腰时不能立着缠，得在走动中缠，表演的时候腰得扎下去，身体先前倾，以腿为中点按顺时针方向旋转一个整圈。民间曾有这样一种说法："没有缠腰，不叫高跷。"除了缠腰，坐子表演时主要看"身段"和"面相"，不但要扭得好看，把水袖甩起来，展现女性的婀娜多姿，妆容发饰扮起来也要娇美动人。另外，坐子亮相的动作中也有坐腰，也叫小跐、垫叉，表演时需要注意，左腿要牢牢顶着右腿的膝盖后侧，两条腿不能散，左手将团扇放在胸前处亮相。团扇有两个面儿，一般一面有图案，另一面什么都没有，亮相的时候不能摆反了扇，要把面儿给观众看。

　　白杆——扈三娘、青杆——孙二娘：白杆和青杆的主要表演动作基本相同，共有四种：挎篮、背剑、涮腿、缠腰。其中，挎篮和背剑在表演时通常是二选一，因为难度系数较大，只表演其中一种就足够了。挎篮常在退场时表演，表演者将右腿外翻，腿子尽量与身体靠拢，用右侧的胳膊将其挎住尽量保持平行，并用同侧手执杆。在表演背剑的时候要单腿站立，一条腿往后弯曲，用与之相反一侧的手伸到肩膀处紧抓住腿子。如用左腿站立，右腿要往后翘起，并尽量贴近身体，并用左手握住腿子，右手拿杆；反之亦然。这个动作十分考验表演者的身体柔韧性，身体必须保持垂直，不能往前趴，脸要给观众看见。涮腿是"两杆"特有的表演动作，上半身和腿子尽量保持不动，由腰带动大腿，大腿带动小腿画圆形的圈。涮腿表演看似简单，但是对表演者的基本功要求也很高，表演时腿不能动，身上要绷住劲儿，腿跟着腰上的劲儿转圈，但身体要保持竖直，脸要给观众看到。缠腰表演的要领与坐子基本相同，只是表演时，要把手中的杆横过来，两手各执一头，稍稍弯成弧度，以一条腿为中轴，从右往左转。需要注意的是，左右手握杆需要端平，尽量与身体保持垂直，不能歪着斜着；缠腰主要看腰部动作是否灵活利索；

另外，还要求动作幅度尽量大一些，最好是"大缠腰"。依照老人的话说，"两杆"虽然表演的是女角，但是动作一点都不比头棒简单，基本功要求高，还得表演出女角的文气，"不能张牙舞爪，更不能像狗刨"。通常，缠腰要一口气表演三个，缠腰表演完之后，后面要紧跟着一个垫叉，进行定位亮相。过去会里演杆的会员，都是童子功练成，很多小会员从一进会就开始练这几个动作。过去乐胜老会中有一名小会员，因为身子软，扮相美，在行会过程中，常有缠腰表演，甚至达到"三步一腰、五步一腰"，获到了老会内外的一致称赞。

公子——施恩：公子的动作有扑蝴蝶、蝎子爬、倒蹲。在公子表演扑蝴蝶时，除了肢体动作，面目表情也相当重要。如在第一次看见蝴蝶时，要表现出"愣"来；随后，满心以为逮住了的时候要表现出"乐"来；发现扑到却又跑了，这时得表现出"傻"来；扑了半天却始终没扑到，发现蝴蝶飞远了的时候，脸上要表演出"怒"来。在表演的时候，并没有道具蝴蝶，但是为了能让观众理解公子是在扑蝴蝶，就一定要注意面部表情的表现。在逗圆场时，公子看见不同人物表现出来的表情也不同，如公子看见渔翁、樵夫表现出来的是害怕的表情，因为见到了梁山好汉；看到了青杆、白杆、坐子等女角，要表现出纨绔子弟的轻薄好色；看见英哥，以为是小孩，表现出来的是轻蔑。总之，一名优秀的公子扮演者，在表演的时候，除了能利用好手中的道具，本身的神情变化也可以为角色加分不少。公子蝎子爬和倒蹲的动作要领基本和二棒的动作要领一致。

渔翁——肖恩：渔翁的主要动作是捕鱼和抖髯。捕鱼是一套动作，包括撒网、收网、装鱼等，常在表演四角子的时候使用。抖髯是渔翁亮相时最常表演的动作，有的表演者为了更好地诠释角色，会自己留起胡子表演。另外，渔翁和樵夫、公子都有元宝服的动作，要领和其他角色基本一致。

傻妈妈——王婆：傻妈妈出场时大部分时间都和傻儿子作为一组，表演的主要情景是妈妈找儿子，儿子逗妈妈，故意让妈妈抓不到。等到妈妈看到儿子了，把手臂张开，儿子从妈妈的一条手臂下面钻过去，来到妈妈面前，这时候锣鼓四件开始驻点，妈妈和儿子开始上演"抓彩"的戏码。妈妈的主要动作是涮腿儿，以两条腿为支点，身体来回扭，有时候也会和儿子一起扭。傻妈妈、傻儿子表演的角色属于丑角，他们的出场常常让观众忍俊不禁。

傻儿子——郓哥：傻儿子的角色往往被人忽视，但却是最体现表演技巧的角色。傻儿子角色表演中最讲求"活泛"，在不破坏规矩的前提下，越幽默，越活跃，越能调动起气氛越好。有一次老会在东北角出会，傻儿子表演者看到有卖糖堆的，虽然自己手里有糖堆的道具，但为了活跃气氛，他把道具一扔，随手从路边小摊上抓起一串糖堆吃了起来，卖糖堆的商家和周围的群众都被逗得哈哈大笑。抓彩儿表演时，傻儿子可以根据表演的环境随便抓，有时候看见粘糖人儿的、卖鸟笼子的，都可以随便提起来进行玩耍，甚至和商家逗趣。虽然在很多时候商家执意不肯要"彩"钱，下面跟会的观众也会争先恐后替傻儿子交钱，但最终还是会由老会的人将钱支付给商家。傻儿子表演的动作中有一个被称为"拽轴"的，表演时，屁股要撅起来，左右前后来回地扭，胳膊做跑步姿势前后摆动，但脚要扎在地上，完全纹丝不动。这个动作本身难度不大，但幅度很大，身体平衡完全要靠扎实的基本功来掌握。另外，傻儿子还有个踢球的动作，在表演这个动作时，并没有真正的球做道具，只是做一种踢球的动作来表现出这个角色的顽皮活泼。

锣鼓四件："远听锣近听鼓，未见其人，先闻其声"，往往在没有看到会的执事儿、扮相、技艺之前，就已经先听到了会组织的锣鼓声儿，因此，老人们常说"第一印象的好坏都在这儿了"。表演锣鼓四件在会里常被认为是"受累不讨好"。首先，在出会的整个过程中，注意力需要高度集中，锣鼓四件要时刻注意头棒的指令，头棒一改点，发出指令后，锣鼓四件就要随时变换鼓点进行配合，不能有一刻跑神。其次，其他角色在行会时可以不做动作，在表演中也是轮流上场，但是锣鼓四件无论是在行会还是表演中都不能停下来。另外，因为鼓本身有一定重量，很多时候一场会行下来，敲鼓的人肩膀

鼓——老会"会胆"

处的皮肤都会磨破。敲锣的敲一天，手会打哆嗦。锣鼓四件还被誉为"会胆"，负责着表演中气氛的调节和节奏的把握。行会时，只需要"阴"着点儿敲，能听见声音就行了，但在真正的场上表演中，需要锣鼓四件表演者通过控制节奏上的"涨落"和声音上的高低，为其他角色营造出或紧张或舒缓的不同气氛。如以四角子中的公子扑蝴蝶为例，当看到蝴蝶的时候，点儿就要涨上来，虽然还是烂三点儿，但是节奏要越来越快；公子扑蝴蝶时，为了烘托紧张的气氛，点儿需要更急促更快；当蝴蝶没扑到飞走时，点儿又逐渐回落了下来。再如渔翁表演撒网打渔，撒网的时候节奏要慢，倒网的时候节奏就要快起来，如果慢慢倒网，鱼就会跑掉了。在所有表演中，锣只掌握烂三点和四点的驻点，剩余的点都是由鼓来负责，所以整个表演过程中是否整齐，鼓负有很大责任。

第四章

服 饰 与 道 具

一、执事与表演器具

立会之初的中营后同乐高跷有前场执事，在时代变迁中逐渐散失，20世纪50年代的同乐老会已不再设前场儿，仅剩28个挑子灯和几个圆笼。"文革"中执事器具全部损毁，再没有恢复。

旗是一个会的标志，目前老会存留的会旗均是20世纪80年代复会时制作，纛旗、门旗、手旗上的字样均是邀人写好后用黑平绒布刻出粘在旗子上，代表了那个时期的工艺特征。同乐纛旗上仅有"中营后同乐"五字，据老人解释，没有完整的会名源于老会的自信，群众只看五字便知是何会。纛旗两端有木雕龙头，下有排挂及红穗子。纛旗旗顶为铁质的火焰边形，颇为精致。门旗一对，上写有"中营后同乐老会"以及"乾隆五年寅未正月复会"字样，显示自己老会的身份。同乐老会有方形手旗24面，均有带穗儿的木雕葫芦旗顶，由杏黄、红、绿三种颜色组成。行会时，立于队伍两侧，颇具气势。

掸子是每个会的必备品，由各色布条扎制而成。行会临走之前，会里有人拿掸子为上角儿的掸衣服，按老人的说法，没有灰也得掸，玩的就是这意思。拿掸子的是捧会的人，掸给外人看，意在展示这会里都身份尊贵，也是一种摆饰。出会的角儿都有手巾，有专人给拿着。累了出汗了，马上有手巾递上来。手巾不能用来擦汗，只能蘸蘸汗，否则就成

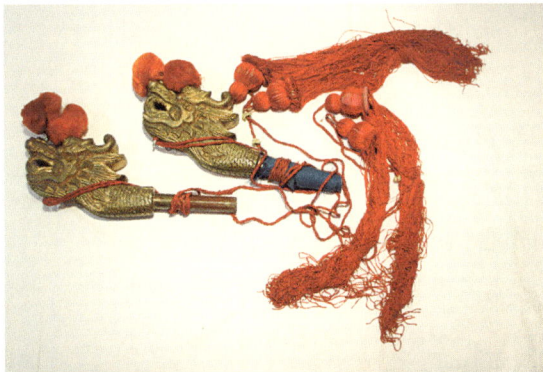

1	2	3
4	5	
6		

1. 老会纛旗

2. 门旗

3. 纛旗顶端的火焰状旗顶

4. 纛旗两端的木雕龙头

5. 门旗的葫芦旗顶

6. 手旗，出会时持手旗包围在表演队伍两侧，既可隔开观众、保护员，又可凸显老会的气势

了花脸了。其实，同掸子的功能相同，无意擦汗，重在捧角儿，表示会里的角儿有人"伺候"，不能让别的会看不起。

香袋，也称帖兜子，一为放帖，用于出会过程中下帖、换帖；也可以放锣、锣槌子、扇子、鼓槌、棒槌等小件器具，出会时备用。挎香袋的通常是本社区的一些老先生，他们留着长胡子，穿着长袍马褂。他们的在场，关键是凸显老会的威望。

腿子是高跷会最重要的表演器具，由拖板、脚底板、沙高、绳扣几部分构成。腿子使用的木料有沙木、榆木、棹木。榆木是横茬的，能托得住，用来做脚底板。腿子上没有钉子，完全依靠榫子连接。腿子上有两根绳，一根把脚缠在底板上，一根用来绑小腿。小腿跟腿子紧贴，脚底板以上部分高度大致在膝盖处，如果不够高揽不住，没有劲儿。系腿子和解腿子都有规矩，系腿子先系上面小腿，方向就固定不动，再系下面脚板。如果先系下面，腿子扭了方向，容易崴脚。解的时候先解下面，后解上面。腿子上系"反扣"，这样两腿相互碰擦不会松脱。早先同乐高跷的腿子是"毛银罩漆大赤金"的，上有小蝴蝶图案，当年那堂腿子让会里老人儿颇为骄傲。老辈儿的腿子上铁质托板下面都有一对铃铛，走起路来有悦耳的铃声。而铃铛容易丢失损耗，后来怕麻烦就不再装铃铛了。20世纪60年代的时候仍使用这批老腿子，后来在政治运动中损毁殆尽，80年代复会后不那么讲究了。当时做腿子一副50元钱，1000元钱购置了20副。此外还为架骆驼的小英哥准备了儿童使用的腿子一副。从前，腿子底部还有突起的"抓子"，铁皮材质，相当锐利，当时柏油马路比较少，基本都是土路，铁皮比较硬，扎在土路里可以更加稳当。现在腿子底部都改为胶皮质地，因为出会在水泥地、柏油路、地板砖上表演比较多，而这些材质的地面比较容易打滑，胶皮一方面可以有效防滑，特别是在有水或是结冰的地面上；另一方面在表演比较剧烈时

掸子 | 同乐老会香袋，俗称 "帖兜子"，出会时用来随身携带会帖与外会交换

高跷，俗称腿子，高跷表演的主要道具；高凳，演员踩上腿子后的专用休息凳。两人一凳，背靠背坐，角色、次序均有严格规范

引锣，也称叫锣，在行会队伍前引导行会，并控制起停，通常由会里的资助人把持。

也不会对地板造成损害。腿子的使用也分角色，坤角儿腿子软，踩一般的腿子即可；棒槌、英哥等角色蹦跳动作多，腿子也要非常硬实的。

同乐老会的高凳带合扇和挂钩，可以折叠，折叠后两条腿可以并在一起，方便搬运，节省空间。制作高凳使用的是白松，也叫"美国松"。从前涂大漆，后来改了紫棕，并专门配有凳子罩。这批老高凳在"文革"后仅剩一个，保留至今，据说已有200年的历史。根据这一高凳的样式和尺寸，老会重又复制了一套七个高凳。高凳的使用座次也有讲究，七个高凳坐十四个人，一人坐半边。具体为：头棒（棒槌）和小英哥、樵夫和坐子、白杆和公子、青杆和渔翁、妈妈和儿子、俊鼓和丑鼓、俊锣和丑锣。这些角色两两一对，坐在呈"人"字型摆开的高凳上。但因复会后，许多人并不是从小培养的，对会中的各种规矩并不十分了解，也常破了规矩。

每个演员表演时手上都有固定道具，称为"手彩儿"，是衬托人物性格、交代人物背景的重要线索。武松的手彩儿棒槌，即70—80厘米长的两根木棒。武松的棒槌代表打虎棒，也代表双刀。在天津的高跷中，一般在演奏"老三点"的高跷会中，多是"单棒槌"，即陀头的手彩儿是棒槌，英哥的手彩儿是掸子和花篮。在演奏"烂三点"的高跷会中，多是"双棒槌"，即陀头和英哥的手彩儿都是棒槌，但是陀头所执的棒槌比英哥的尺寸要稍微大一点。

棒槌

王英俗称英哥，手里拿的原是掸子、花篮和马鞭，花篮是圆形小篮，下面带穗，里面也有铃铛，这种篮子多是小孩子带着盛豆子用的。后来流行二棒，手彩儿换为一对比武松所持略小略细的棒槌。二棒的设置，实际为培养人才，在头棒旁边走着看着，二棒练习成熟后，武松也够岁数了，往往就成为新一任头棒。制作棒槌最好的材料是黄檀木，不但结实，而且敲起来响。平时练手的棒槌都用白蜡杆子，即墩布把儿的材质。从前玩儿会的人家谁家墩布坏了就拿来截出一对棒槌。练手棒槌材质可以凑合，尺寸不能改变，否则练出来再难适应出会的棒槌。

樵夫的手彩儿是樵夫担子，用藤子制作，一米多长，两指宽。中间缠上黄布，挑上后不磨肩膀。出会时在樵夫担子两头绑花儿作为装饰，常常用的是现摘现绑的真花。

老坐子是坤角之一，手持文扇，古代女子用来扇风和把玩。表演中老座子利用文扇做出各种妩媚动作，是表演的精华之处。

公子手持武扇，可以开合，体现公子哥的风流倜傥；后来多改用彩扇，扇骨短而松，用起来灵活，容易亮扇。

青杆、白杆手彩儿即杆儿，最好的杆儿由藤子制成，有两米长，上黑漆。一端有孔，可系上道具鱼和蝴蝶。白杆拿的是蝴蝶杆儿，青杆拿的是渔杆儿。道具鱼与蝴蝶近一指长，由木头刻成，上面用毛笔画出纹样，辅助表现情节。稍次的杆儿用江苇制成，硬度和韧性都远远不及藤子，也是一般钓鱼竿使用的材质。

傻儿子手里有两件手彩儿，糖堆儿和鸟笼子，都是小孩儿常用的玩意儿。糖堆儿由木头刻成，比普通糖堆儿稍大。同乐现有的糖堆儿手彩儿是在1958年为准备迎接毛主席的庆祝活动时刻制。鸟笼子里面有假鸟一只，鸟食罐一个，铃铛两只。为追求表演效果，有时出会在鸟笼中放活鸟。通常出会前一天在鸟市买一只虎皮鹦鹉，小心喂着，到出会结束后放生。因为平时鸟笼子作为表演器具归置起来，所以不能常养。

傻妈妈手拿元宝篮子、草扇。元宝篮因形如元宝而得名，是老年妇女居家使用的必需品，表现王婆的身份特征。草扇，原是圆形的大蒲扇，后来因为比较重而改为轻便的团扇。

渔翁的手彩儿是鱼篓子，即钓鱼时用来盛鱼用的器具，里面放有一条假鱼。鱼篓子上带铃铛，捉鱼的时候叮当作响，鱼篓子由一条红带子挎在渔翁身上。

头锣、二锣的手彩儿自然是锣，高跷用锣是直径十几厘米的小锣，不同于地秧歌玩的大锣。据会里老人儿反映，从前的锣是用锤子碾出来的，偏薄，如今都使用机器制作，锣厚，音放不出来，不如从前。好的锣楗子是用竹子做的，削成一端梭形的竹片。也可用木板做，三层板或者五层板。相比之下木板不容易出音，竹子敲出的声音大，而且结实，散不了。但如果敲的人不会用力，锣比较吃亏，质量不好的锣容易裂开。关键在于敲锣敲的是中间位置，均匀使用一个力道敲，锣不容易裂；力道忽大忽小，则锣容易破。

俊鼓、丑鼓身上挎鼓，老会里的鼓通常有几套，有日常练习使用的，有上会专用的。出会的鼓用牛脖子皮制作，薄而响亮。会里曾有一面是日伪时期在北京买来的京鼓，一头牛的脖子只能做一面鼓，一对鼓需要两头牛。平日鼓多是蟒皮、驴皮、马皮做的。鼓身的材质是荆木，里面有双胆，音传得远。鼓槌最好的是黄檀制成。使用时用鼓套和鼓带将鼓挂在身上。鼓套颜色一般较为鲜艳，多为蓝色、绿色或红色，鼓套上均有"同乐"字样，有的有"五福捧寿"图案。鼓套把鼓身包裹起来，余一块垂下来有穗，起装饰作用。鼓带子是两丈长的黄布一块，上锣的角儿也佩戴，传说同乐以前出过皇会跟过銮驾，所以使用黄色。

高跷会每出一次会，都会有较高的挑费。一方面表演时所用的手彩儿和腿子也较容易"费"。比如陀头角色，最常使用的是棒槌，在一场表演中，常常要预备着好几副。因为有的表演者手劲很大，常常会打折。一旦出现棒槌打裂的情况，就需要赶快换新的。腿子更是如此，遇到脚比较"硬"的人或路况不好的时候，腿子开裂的机率更高。所以每当器具破损，会里的老人们都很心疼。

另一方面在化妆、服饰的消耗上，会员在演出的时候需要"打脸"，也就是俗话说的化妆，每一次演出，化妆品的损耗要占一部分开销。另外，上女角的会员，还要进行"包头"、上鬓花等化妆步骤，衣服上的配饰也较多。在演出的过程中，常常因为动作幅度较大，而把珠链、鬓花等装饰品甩掉，一旦丢失，这部分物品就需要随时补充，置办这些损耗品，需要较多的资金。

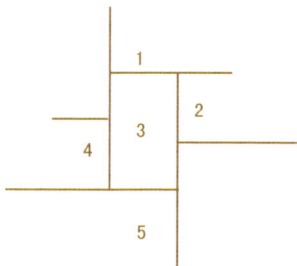

1. 武扇，公子手彩儿
2. 杆顶端的鱼和蝴蝶，是青杆、
   白杆的手彩儿
3. 老座子手彩儿团扇，供坤角
   把玩遮面
4. 鸟笼子
5. 糖葫芦和小篮，傻儿子手彩
   儿。糖葫芦为20世纪50年代
   刻制，沿用至今

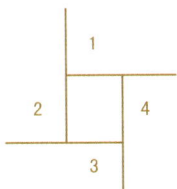

1. 鼓手的整套用具：鼓、鼓套、鼓槌、鼓带
2. 白髯口
3. 高跷用锣及锣槌子
4. 黑髯口

二、化妆

同乐老会角色妆容是京剧脸，完全依照京剧的形象与方法。十四个角色中有三个花脸，分别是李逵、时迁、傻儿子。李逵有李逵脸，是大花脸。化妆的时候得在脸上方加块白布，蝴蝶罩往上戴，化妆一部分在白布上画，显得脸大。凡有鲁智深角色的会也均是如此。时迁有时迁脸，傻儿子有儿子脸儿，都是丑角儿，属于小花脸。其他角色都是俊脸儿，也叫清水脸儿，具体步骤是打脸儿、扑粉、描眉、勾眼、描红嘴唇、刷脸儿。从前用的是扑粉和胭脂，后来改成油彩。最后一步是吊眉，用白带子将眼角吊起来，但是吊眉后许多演员头晕呕吐，后来改吊眉为往上描眉，画出吊眉的意思。棒槌、公子一类都按小生脸打。此外，渔翁脸上有两道白、一个红点。武松脸儿上有金印，仿照古代犯人脸上的刻印符号。

同乐老会讲究化妆和头面，按老会的说法，城里的会讲究玩儿头面，不能破衣烂衫，七凑八凑，土性。出会准备工作需要很长时间，特别是水鬓需要提前泡好。一般情况下，请外面人来帮忙，一人负责包头，一人负责化妆。化妆包括：四个大头（坤角的包头称为大头），两个花脸，六个俊脸，其中一个大头包括包头、水纱、网子、头罩、水鬓、三个彩球。如果上午有演出任务，一般从半夜两三点就开始化妆。为节省时间，男角的网子、水纱、头罩都自己系。加上服装上的丝绦板带，系腿子等等，三个小时的准备时间仍然比较紧张。

早先会里有位老伯瘸五爷负责化妆，他本身有一门专门给老太太梳头的手艺，从前老太太不洗头，只拿篦子篦，这门手艺也延伸到包头、化妆上。他为会里化妆，也是玩儿会的一种形式。后来瘸五爷因生计不得不离会，老会请京剧团的专业化妆人员来帮忙。天津京剧团的董文敏

各色丝绦、板带

与老会合作多年，让老会颇感自豪。2002年老会将会里服装器具捐给鼓楼之际最后一次出会，又将董文敏夫妻请来。老会特意争取了比较高的报酬，算作对两夫妻多年支持合作的谢意。

1. 妈妈头、孩儿发等假发

2. 装饰用布花

3. 广珠、鬓花等装饰品

4. 网子

5. 面牌

6. 罗帽

三、服装

中营后同乐高跷是文高跷，文高跷玩的是头面衣绺，武高跷讲究的是"就地十八滚"。相比之下，武高跷不讲究行头，其服饰多是布制的，如果穿缎布的话一场就得破。同乐老会的服装讲究绣花、绸缎以及配色等。

头棒（棒槌）——武松：武松一身黑（青），对襟挎衣一身，带把袖，系白色丝绦板带，坎肩一个，脚底是黑色快靴。各种戏曲表演中武松服装历来是黑色，高跷也不例外。同乐老会武松的服装头面严格按照京剧表演时的扮相，有虎尾箍一件，箍在胯上，串珠一串。武松的串珠代表人头，虎尾箍即老虎尾巴，代表打虎。头上有大发、月牙箍。大发里面是网子，用黑水纱系上，外面戴陀头发和月牙箍。即从内至外依次是网子、水纱、大发、月牙箍，成为一套。网子需沾湿再系上，干了以后才能越来越紧，掉不了。武松的坎肩早先是百家衣坎肩，因为费工，20世纪80年代复会后改为绿色坎肩。

二棒（英哥）——王英：英哥穿红彩衣一身，粉色腰巾一个，有把袖。脚穿老虎鞋，作为孩子的标志。头面有网子、水纱、孩儿发，带长散发。因英哥打棒槌，头上也有月牙箍。架骆驼的时候，因需重量比较轻，另有一位儿童饰演的英哥，也一身红衣裳，娃娃领，大娃娃头，红腰巾子，穿老虎鞋。孩儿发带童子冠，上有绒球，手拿掸子和篮子。两个英哥，一小一大。童子冠只有小英哥佩戴，因成人饰演英哥若戴着童子冠不能打棒。

樵夫——石秀：樵夫身穿蓝色彩衣一身，带暗花。上身为抱衣，斜襟，内带衬领，有把袖，蓝色丝绦板带一幅。凡抱衣均带水旗儿，起装饰作用。脚底穿黑色快靴。头面有网子、水纱、甩发、草帽圈。化妆后把甩发缠上，上草帽圈，再将硬罗帽加大朵绒球戴上。头罩，为一条长绸，把头缠起，盖住水纱，再戴罗帽，露出蓝色，比较美观。因罗帽较重，表演剧烈的时候必须摘下来，露出甩发，跳完了再戴上。后来直接改甩发不佩戴罗帽。另有耳毫、耳球、茨菇叶。耳球，也称英雄胆，即大朵毛线绒球。凡是男角都有耳球，棒槌、樵夫、公子、渔翁、俊鼓、丑鼓根据服装和帽子的颜色佩戴有各色的绒球，樵夫的英雄胆也为蓝色。梁山好汉均佩戴英雄胆，如果戴花则是采花淫贼之意。

文扇（老坐子）——顾大嫂：老坐子所穿服装叫"敞衣"，也叫"敞披"，和京剧中老旦穿的服装"青披"相同，带水袖、暗花。彩裤为月色，比白色稍深，带镶边，带月色腰巾子。女角所穿的裙子被称为"包"、"腰包"，老坐子穿白腰包，脚底月色彩鞋，带穗儿。四个坤角儿都穿彩鞋。头面包括网子、水纱，额头九个水鬓，大鬓花一个，小鬓花六个，罩头罩。后面有大头、假套、辫帘子，光片堆成凤凰头花一个。大头上插葫芦装饰一个，即三个光珠用铁丝穿成一串，手拿团扇。

白杆——扈三娘：白杆一身白彩衣，月色镶边，带白色腰巾子，脚踏白色彩旦鞋，也称昆靴。外罩白色绣花斗篷，辫帘子抽出放在斗篷外面，走起来好看。辫帘子是丝质的，做成线穗状，长及臀部，如同人的发辫。白杆的头面同坐子一样，九个水鬓，七个鬓花，不同的是没有头罩，上面戴有蛾子，蛾子上用白彩绸扎三个白彩球，中间一个挂在蛾子上中央，两边长绸垂下。蛾子主要由绒球、须子、广珠（也叫泡子）堆成。白杆蛾子的须子意指白蛇，是弯曲状的。

武扇（公子）——施恩：公子内穿粉袍，外罩绿袍，带水袖。下穿红彩裤，上有暗花，脚穿黑色薄底快靴。头上有网子、水纱、粉色头罩，前有粉色面盘带广珠、绒球，黑水纱，头戴绿色公子巾带飘带。

青杆——孙二娘：青杆身穿黑色彩衣一身，镶月边，戴白色或粉色腰巾，斗篷为浅月色，脚穿青（黑色）昆快靴，带穗。头面有网子、水纱、九鬂七花、头罩、大头、假套、辫帘子等，同坐子、白杆一致。上戴青杆的蓝色蛾子，蛾子上挂青纱彩球。青杆的须子意指青蛇。

渔翁——肖恩：渔翁穿暗杏黄色渔夫袍，带水袖，腰扎杏黄丝绦腰巾，下穿浅黄彩裤，带暗花，身上背鱼篓，脚穿黄色快靴，带黑云字头花，鞋面绣有鱼图案。渔翁头上戴白网子、白网揪、黄色草帽圈，面盘带黄色耳球、杏黄头罩。头罩有三米多长，是角色中最长的头罩。架骆驼时把头罩解下用来拉骆驼，另一端由棒槌叼在嘴里。渔翁有白色长髯口一个，从前由马尾做成。

傻妈妈——王婆：王婆一身灰布家做衣裳，大襟带盘扣，外边穿绣花的黑色兜兜，带广片边儿，鞋是家做灰色绣花鞋。所有角色服装中只有王婆和傻儿子是布的，意指普通百姓。王婆头上有网子、水纱，外罩大头罩，即妈妈头，上有发髻插彩花。王婆角色是多嘴生事的反面形象，头上的花越花哨越好。

傻儿子——郓哥：傻儿子身穿红色背带彩裤，上衣是对襟蓝褂子，带水袖，前襟带云字头。带深绿色腰巾子，比较长，垂到裤腿，这是服从角色傻的形象，说明衣服穿得不利索。而角色跑起来带着绿色腰巾子，煞是好看。脚底穿红色老虎鞋。傻儿子头上没有网子、水纱，仅扎小辫，小辫套小辫。通常只有傻儿子头上用的是真发，如果发量不够，就加一部分假发扎在一起。

头锣（俊锣）——肖桂英：头锣粉色彩衣一身，腰巾子为水绿色，跟白杆、青杆一样。外罩月色斗篷。袖口带把袖，凡锣鼓必须有把袖，否则袖口太大影响动作。头锣大头与白杆、青杆一样。蛾子为粉红色，彩球、彩绸为红色纱。脚穿粉色昆靴，前头带穗儿。

1	2	3	4	5
6	7	8	9	10

1. 武松服装

2. 王英服装

3. 石秀服装

4. 顾大嫂服装

5. 扈三娘服装

6. 施恩服装

7. 孙二娘服装

8. 肖恩服装

9. 王婆服装

10. 郓哥服装

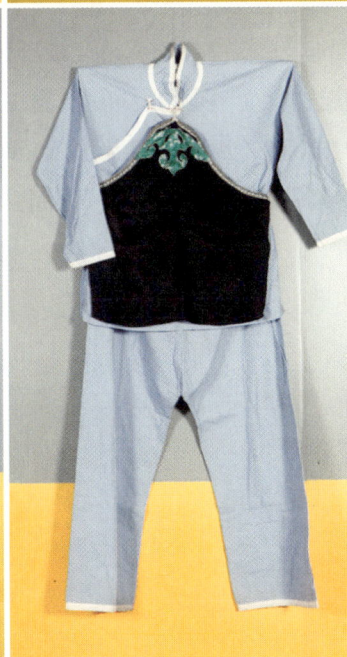

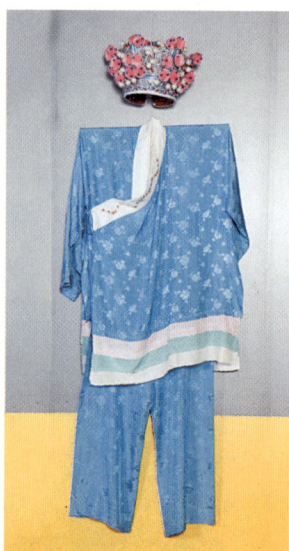

肖桂英服装　　　　李逵服装　　　　燕青服装　　　　时迁服装

　　二锣（丑锣）——李逵：李逵本该一身黑，由于棒槌、丑鼓、青杆都穿用黑色，为防顺色，老会的李逵装扮改为紫色。李逵服装为挎衣，带水旗儿，带把袖，脚穿黑色快靴。系紫色丝绦、板带，以凸显英雄气概。李逵有黑色髯口，头上有网子、水纱、粉色或紫色头罩、英雄胆，前有茨菇叶，上戴雪帽及蛐蛐罩。蛐蛐罩是透的，内衬雪帽防止看到头发。

　　俊鼓——燕青：俊鼓燕青，一身蓝色或水绿抱衣，带水旗儿，系杏黄色丝绦、板带，脚穿黑色快靴。头上有网子、水纱、头罩、白色英雄胆、茨菇叶，戴蓝色罗帽。

　　丑鼓——时迁：时迁本应穿一身黑色挎衣，因黑色服装重复，改为紫色，带水旗儿，系白色丝绦板带，脚穿黑色快靴。头上有网子、水纱、头罩、英雄胆、茨菇叶、雪帽、蛐蛐罩。丑鼓有鼻胡，即八字胡，挎在耳朵上。

　　虽说复会后的同乐高跷早已没了前场，但是从前的前场表演及服装，老人们依然记得。茶炊子演出时，表演者的打扮和清代衙役的打扮类似，头戴白色带穗子帽子，身穿对襟大褂，脚蹬圆口黑色布鞋。据同乐老会员介绍，最早表演时所戴的帽子并不是清朝官帽样式，而只是用三角形的黄布包头，做义和团众打扮。但后来在表演时，特别是做"倒肩"的动作时，头巾容易脱落，所以就改成了帽子。演出时所穿的大褂为两层，外层为蓝色，内层为白色，内层的白色大褂袖子较长，要长过手臂，挽在蓝色大褂外面。表演时，外层大褂的疙瘩袢儿解开，衣襟从右边掖到左边来。在右边的衣襟下面还要掖一块白色的毛巾，可以在表演途中擦汗。

总的说来，高跷会的服装基本和京剧的戏服类似，会中角色所穿的服装大部分是从戏曲用品店购得。过去上会时，对表演者的衣帽鞋袜等各个方面的要求都十分严格。仅英雄胆一项，就需要不少工夫。因长期存放，绒球容易压瘪，过去有煤球炉子，出会前把绒球提前放在烧开水冒的热汽上蒸，一吹一晾一抬，绒球就都起来了，才能用于角色装扮。而且会里使用的各种假发都是真发制成，从前有留长辫子的习惯，如今长发很难见到，真发做成的长假发也成为历史。当初给会里做蛾子、罗帽的匠人如今大都去世，会里老人儿记得早先同乐的蛾子曾在估衣街益太成定做，三个蛾子便需要八袋面的费用。而在新中国成立以后，老城里财商的实力大为削弱，老会的经费也不得不屈就。以鞋为例，早前是会里统一置办，根据鞋码订制彩鞋，费用不菲。但是在新中国成立以后，出会时基本穿自己的鞋子，大家穿的最多的是底儿较厚的白球鞋。不但廉价、便利，也比彩鞋的底子厚实，踩在高跷上不硌脚，更方便演出，但从扮相来说，专业性已经打了折扣。

既然老会讲究服饰衣绺，会里的服装必然要妥善保管，20世纪80年代复会后这项工作由会头李凤龄自己承担，一年放两次卫生球并定期晾晒、洗刷等，至今这堂衣服大多数仍然完好。老会坚信，只要一堂会的东西齐了，无论搁到多会儿，都能说明历史。

第五章

传承现状

　　目前，中营后一带的传统社区已经解体，鼓楼一带已经成为天津地价最高的地块之一。原来祖祖辈辈生活在此的老门口上的玩会人，随着几次拆迁和平房改造逐渐搬离了此处。李凤龄老人故地重游时发出这样的感慨："但凡会里有一户搬回来了，我们的会也还得扎在这儿，我们的会也不会完。"可是，现实的情况却往往与希望相违。直至今天，原来玩会的会员和他们的后代竟然没有一户回迁至此，老会员也如浮萍一

2013年5月2日，同乐老会在天津天后宫设摆

般失去了根系，再也找不到维系老会和中营后之间的情感桥梁。20世纪50年代，老会的会所所在地（即作为过渡会所时，会员王文澡的家）今天已改建为天津富力城小区。李凤龄位于南巷胡同口的家，曾在20世纪80年代被作为老会存储器具的场地，今天已改建为天津市社会事务福利中心。昔日中营后一带最大的庙宇——西北角城隍庙早已难寻踪影，今为苏宁电器购物商场（西马路和鼓楼西街交口）。民众心中的神圣之地三圣庵（北城街和城厢西路交口），亦早已化作历史尘埃。

没有了会所，不但执事儿的存放成了问题，会员们凑在一起碰面的机会也少了起来，更不用说出会了。2002年之后，这道技艺优良的老会就偃旗息鼓没有了声响。特别在执事儿、头面服装移交至天后宫保管之后，他们再能接触到

昔日中营后一带最大的庙宇——西北角城隍庙，今为苏宁电器购物商场（西马路店）

北城街和城厢西路的交口是三圣庵旧址

昔日老会的训练地，今为天津富力城小区

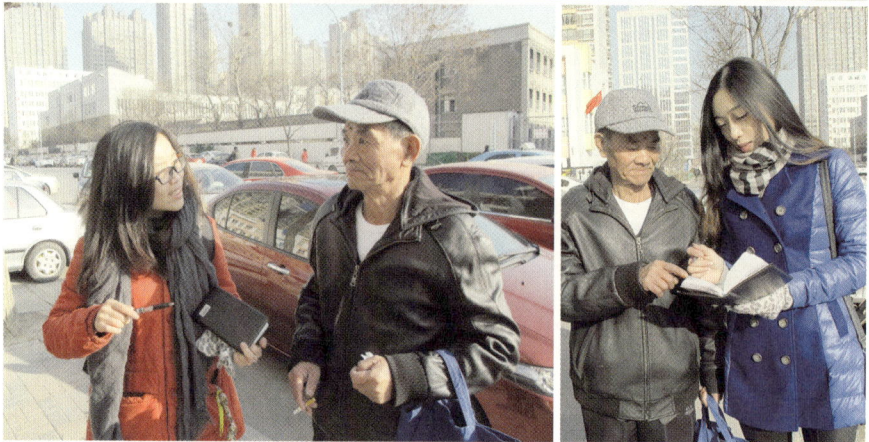

故地重游，李凤龄在老门口留影
本书作者与李凤龄同访同乐老会旧址

会里那些陪伴了自己几十年的老物件，也成了一件十分奢侈的事情。为了慰藉对老会的思念之情，为数不多还有联系的几位古稀老人常常到天后宫去，隔着厚厚的玻璃窗，时光仿佛倒流，定格在了老会一次次出会时所获得的曾经辉煌。每逢农历三月二十三和九月初九老娘娘诞辰和升天的庆典日子里，老人们都会不约而同地来到天后宫进行祭拜。对于这些老会员而言，来到天后宫就离老物件们近了些，离自己的老会近了些，天后宫仿佛成了老会的"下处"。每每打听到有天津的会组织进行表演时，他们也会不辞辛苦，甚至周转几个区（县）换几趟公交车去看。在他们看来，虽然自己的会"哑巴"了，但爱会的心却没有改变过。

2013年5月2日，同乐老会曾在天后宫藏经阁右侧的回廊前组织过一次小规模设摆，老会员李凤龄、徐金生、李凤年等人参加了设摆。但是这次摆出的器具数量少，年代较新，几个头面是前一天刚做好的，其他锣鼓、帖盒、绒球是李凤龄从自己家中带来的，从天后宫仓库里取出的老物件仅有旗子（含纛旗、门旗、手旗）及一个老高凳。

设摆现场十分热烈，特别是在遇见了几位原来住在中营后的老邻居之后，几位老会员抑制不住心中的激动，还表演了几段老会的拿手好戏。特别是李凤龄老人，耍起了自己擅长的十八路棒槌。棒槌一响，马上引起周围群众的热情响应，大家都被这些精神矍铄的老人们的精湛技艺所折服，纷纷喝彩叫好。围观的群众感叹道，一听见这声音，就想起了儿时老门口上的会。鼓点不同，但唤起人们记忆中的思念却是相同的，那份"家家玩会，路路有会"的场景难以挥去。

2013年10月13日，天津大学冯骥才文学艺术研究院举办了名为"当代社会中的传统生活"国际学术研讨会，作为此次研讨会的延伸，"天津皇会文化展"随之亮相。中营后同乐高跷老会作为"一道即将消失的老会"，在展览中单独占有一个"黑色空间"，将老会遗留的服装、头

"天津皇会文化展"上同乐老会展区——"一道即将消失的老会"

面、腿子、手彩儿、印章、老相册及老物件儿一并展出。展览中各种服装、道具、文献，呈现给观众不同时代的印记。同乐老会展出的服装多数为20世纪80年代初复会时添置；糖葫芦手彩儿于20世纪50年代迎接毛主席的庆祝活动时刻制；最老的腿子由抗日战争前沿用至今；两面鼓则是制作于清末民初。可以说，每件物品都向我们传递着历史的温度。冯骥才先生特为老会题写如下对联：

忆往昔同乐绝艺龙飞凤舞称雄滨海

叹今朝老会失援偃旗息鼓何力回天

最让人心生感触的是展览中的一面照片墙，一幅拍摄于"文革"初的某次出会合影被放大至一面墙，李凤龄大爷摸着墙挨个回忆：这几位早已经去世，这位拆迁后早已失去联络，这位拄着拐走路都困难……近

2013年10月13日，天津大学冯骥才文学艺术研究院举办"当代社会中的传统生活"国际学术研讨会暨"天津皇会文化展"

半个世纪过去，照片中的面孔大多已不在世，昔日灵巧转闪腾挪的翩翩少年今日已步履蹒跚，俊美丰姿的青杆、白杆也已白发苍苍。筹备此次展览，中营后同乐高跷老会的会头李凤龄大爷不知跑了天津大学多少趟。看到老会尘封多年的服装、道具即将重新面对观众，老人眼睛里放着光，浑身的劲头让年轻人都自叹不如。

"在全球化时代中，社会转型是不可抗拒的，文化

冯骥才先生与同乐老会会头李凤龄亲切交谈

必然会随之改变。"皇会作为具有天津地域代表性的文化遗产，逐渐走入了政府、专家、学者等社会各界的视野。但是，纵然如此，也并不意味着进入名录或接受资助的老会就可高枕无忧，其传承现状依然不容乐观。"一道即将消失的老会"的展览，恰恰引起了人们的强烈关注，这不但与目前仍在活态传承、仍在表演中的老会形成强烈对比，也引起了更多人的思考，若不保护好天津的皇会文化，最终所有民间会组织的命运也将会跟同乐老会一样，人亡艺绝，就此消失。

第六章

传承人口述

会头李凤龄口述史

时任会头李凤龄

我叫李凤龄，1939年5月21日出生，汉族。传说我们家祖上是燕王扫北时过来的，在天津十多辈了，是纯天津卫人。我家里玩会有三代人了，我父亲、二哥，下面有我儿子。我父亲叫李国柱，他从前在全龄高跷上公子，我二大在全龄上鼓，全龄、同乐前身都是紫云。老三点全龄先立起来，是十个人组成的京秧歌，同乐是烂三点，有意将全龄压下去。虽说内部相互之间斗气，但是在外面看来还是一合手，别人掺和谁也不乐意。对外人还是一个会，会与会间有父子、表大爷、表兄弟，都是亲戚，就连自家亲戚闹矛盾，他也立，高跷就是这玩意儿。

没解放前我念过三年私塾，那时候还学的是《弟子规》《天子规》《百家姓》，到现在我还会背一点。私塾都是老先生们教的，经常体罚不听话的学生，要不就拿藤掸子往身上抽，要不拍手板，或者趴那儿打屁股。解放以后，我就不上私塾馆了，差不多十岁了，再从一年级开始重新上公立学校学习，就在家门口上。小学上了六年，1956年毕了业。我小时候上学脑瓜子疼，尽逃学。就爱玩高跷，头天晚上玩高跷玩得累，第二天上课没精神，爱困。书立着了，睡着了，老师说："刚才我说的嘛？"我说不上来，大伙一乐。一下学就去玩高跷，又比干什么都精神了。所以小学毕业后就没再念书。

1. 我的学艺生涯

玩高跷我打9岁就开始了，小孩儿刚到会里，刚开始练体能，先练一年跑场子，不是天天练，一年练两季，就是冬天和夏天。老辈人们一般讲"冬练三九，夏练三伏"。夏天，汗和气力正旺，要不这样练，到冬天出会跑儿圈就喘了。那阵就这样越热越练，越冷越练。练基本功要求很高，除了架势好看之外，最重要的是腿上的功夫得过关，两腿得有劲，得有桩，我现在走道儿特别快，那阵更是快极了。出去表演的时候都是踩着腿子扮好了的，有时候坐车得站着，车来回颤悠，但你脚底下得有根，不能倒，得戳住了。我们那时候练基本功都到坟头一样的土堆上练劈叉，刚开始腿不稳，一只脚在平地，一只脚在坡上。就得一点点抻，什么时候最后练好了，一下子能迈过土堆了，而且从土堆上往上迈、往下迈也能没问题了，才算进步了。除了练习劈叉，还要拿大顶、折跟头、盘腿叉。其中，盘腿叉主要是老坐子表演的。总的说来我们文高跷比武高跷的动作幅度要小一些，其中难度最大的动作就数劈叉了。

那时候学高跷挺严格，得按照步骤来。刚开始先地跑练，摸不着腿子。要自己摸腿子老人们就"啐"你。为嘛不让上腿子？因为一上腿子就油了，基本功练不扎实，动作虚。刚开始就得地跑练，脚底下活儿得好。地跑和上台练的架势、队形什么的都一样，在底下练嘛动作，在上面就有嘛。练的时候不能混着练，上杆（表演白杆）就光练杆，上棒槌就光能摸棒槌，拿别人的"手彩儿"嘛的都不行。这一旦练上了就不能换了，不能说你今天想学嘛就让你学嘛。我上过的角色挺多，上的最多的是棒槌（武松）、公子（施恩）。所有的角色里面，最难做的也是棒槌和公子，这俩角色是最重要的了，看会里水平的高低就要看这两个角儿技艺的高低；另一个是因为在出会的时候，这俩角色得组织、带领别的角色表演，这俩乱了就全乱了。这两个角儿我算比较擅长，（练）成熟了，再别的角儿就好练了，难度都不大。

我学艺的那会儿，除了本会的老人，还跟着在南门里住的"平安杨"——杨德一学。这人鼓好，天津的高跷基本都认他。每天晚上，我吃完饭，没事儿就往他那儿找他去了，就在他家院子里拿俩筷子比划，一招一式地学。我原来在会里没学多少真本事，后来从杨德一那儿学的多。他教的都是老三点的棒槌，和西码头百忍的点儿一样，是老三点的玩意儿，玩的时候动作得是大架。我找他学不算是正儿八经的拜师学，他原来在"平安高跷"玩，他们的高跷点儿和我们会不一样，后来平安散了，杨德一就在乐胜玩，我也在乐胜玩，算是这样认识了的。我刚到乐胜的时候也就二十来岁，那正是我年轻、身体好的时候，当时为了练功，还枕扁担睡觉。找俩凳子，把扁担放中间，两头捆绳子固定好，在上面睡觉。这个法儿也是杨德一教的我。这样做的主要目的是为了撑筋，把身体撑开了。玩高跷身体得直，歪了不好看，这样练出来的架势才好看，是大架。当时杨德一教的不光是我一个人，好几个一起学的，但是那几个人都没有"架子"，没学出来。高跷这玩意儿，演出来得动作舒展，小架子不行。我刚到会里时，他们看我身体素质不错，先让我学公子。我在家行三，人家都喊我老三，我先上公子，大家都说："要三弟练棒槌，三弟是棒槌的角儿。"嘛意思？意思就是粗、鲁，有勇劲儿，个头也不矮，上棒槌的角儿。"兵尿尿一个，将尿尿一窝"，棒槌是会里的门面，个儿得高，有台面，得虎势。后来我就上棒槌了，练了得有一年多才上的角儿。上着公子练棒槌，这原来可是没有的。我的其他角色的技艺，比如鼓、杆也是跟着杨德一学的，他算是个技艺很全面的师傅。

当时学高跷不但要跟着师傅练，还得自己去找地方看去，要去外面偷艺去，那叫"抒叶子"。知道哪个会要跑场了，就找个没人的地界儿看人家，上什么角儿就学什么角儿，得学人家的优点。我们小时候没少去比西码头、神童高跷看。我上棒槌，就盯着棒槌看。得学，用心学。当时是记住了，回到家里对镜子拿筷子练。

练高跷必须得走心，光看热闹不行。有的人看了多少年都学不会，有的人看几次就学会了，能不能掌握到其中的要领，要看观察得是否细致，有没有进行深入思考，是否勤加练习。我觉得现在整个天津玩高跷的会水平都下降了，比如说，原来打鼓都得带"嘟噜"，锣要带"喀喀"，棒槌下棒的时候劲大，还得快，干脆利索。如今是难见了。

2. 我的家庭生活

我们祖上在这一带有个小有名气的买卖叫"炸糕李"，主要经营炸糕、驴打滚、凉果、麻团、粽子、元宵等。从前，天津人的日常生活都离不开炸糕，在婚丧嫁娶、乔迁新居等日常习俗当中都得用到，用小提盒装着炸糕送人，十分讲究。原来我们家就是靠这个手艺养活一大家人。我大爷、爷爷、太爷都做过，我也做过一段时间。

20世纪40年代末，我们家就不大行了。五几年的时候公私合营，我们家的炸糕店也被合进去了。我和父亲就不干这个，改行当瓦工了，炸糕也就没有再继续往下传。我经历了家里从辉煌到落魄的过程，一直玩儿会走过来，也不觉得怎样。

公私合营那会儿，我16岁，正式到海光寺的天津第四建筑公司上班。正赶上王串场一带大开发，那阵儿我还是小工，给做下手，后来还去过内蒙古包头做活儿。我在公司干了不到两年，就不去了，还在家这边做散活。直到1958年成立合作社、服务队，我算是房产公司的人。工作和玩会很多时候也会有冲突，实在不行，就和单位请两天病假，或者让区里面开张证明给组长。好在单位挺支持，有时候去个一天半天的，也给算全勤。那阵儿平均主义"大锅饭"，归组织干挣钱少，要是散着干还能多挣点钱。1976年我就从单位出来，我一边干些散活、杂活，一边在门口玩会，不过这样赚钱能灵活点，比合营赚得宽和点。特别是到九几年以后，工厂都不行了，好多人下岗，工厂也没那么有保障。我心里一直想着"咱好汉不挣有数钱"，还是干零活来钱快一点，就一直干瓦工干到退休。瓦工这行也有职称，最高是七级，我40多岁时就拿到了七级工，算是特级瓦工。

李凤龄在演出中"上"的最多的是头棒

玩高跷的人，一般都不惦着在厂子里上班，自己干时间自由。那阵儿会里做散活的也多，到冬底下没有活了，都在家待着。晚上去会所时，听见有老头说："我那活儿还有两天就完了。"回头那个说："上我这过来俩，我这有活儿。"大家都互相攒腾些活儿干。

我是27岁结婚的，当

时我老伴才20岁。我那阵正是迷高跷的时候，有演出她还会去看。那阵我们演出的时候看的人多啊，师傅说"下了会以后，先待着，别都出去"。为嘛？那时候有很多姑娘跟着看会，在底下跟会喊好。我们连理都不理，下会了进了会所门口，赶紧把大门一关，老人们怕惹祸出事。我们在里面洗脸开会，有老人去看看是不是还有围着门口的，得劝她们："列位，都散了吧。"等我们出去的时候，她们也就散的差不多了。

我有两个孩子，大儿子是1968年出生的，二儿子是1970年出生的。他们不是很爱高跷，但都会、都懂。原来会在门口练的时候，他们喜欢看，看着看着就学会了。后来我给指导了一下，就成了。大儿子十多岁就能替我上角，我有事儿上不了的时候，就叫他们去补。他也上棒槌，动作快，那阵儿他们都说，"跟家大人一样"。后来一上班就不怎么玩了，因为那时候开始兴"下岗"了，家里都得挣钱吃饭，压力大。那时候人就凑不齐了，再玩得外面请人。我俩儿子下面还有俩孙子，这是不往下玩了，要玩这俩孙子指定继承了。

3. 我的表演经历

我上会这么多年，有几件事情印象特别深刻。一次是在1957年，我参加在南开体育场举办的"天津体育表演大会"。当时我上的棒槌，第一个下场，但是地面太软了，才刚迈进去，腿子就陷进去了。这时候不能动，一动这腿子准折。我硬是坚持着没动，赶紧让会里过来俩人，搭肩膀上一按，胳膊一使劲，才拔出来的。后来大家都说，"也就是你，要是别人，这腿子一准折了"。

这一次不记得年头。用西码头的话讲，这城里的几拨会，有一两个好棒槌。其中一个是我，一个是全龄的孟广斌（音），他打的是老三点儿。一次区里活动，我代表乐胜上棒槌，孟广斌代表全龄上棒。我俩一碰见，会里的人就和我说："老三（家中排行老三），咱这个可是会。你们相好我们都知道，你俩解腿子，外面相好去。今天，他（代表的）是全龄，你（代表的）是乐胜，你可别手下留情。"我心想，我俩交情怪不错的，天天见面，哪能玩这个伤了和气。当时全龄先进区委大院演，孟广斌打一个七下，一领圈，一驻点，走了，那七下可就"落好"了。他出我进，人家可把好拿走了，再想得好就得看我的本事了。我一个蝎么角带一个蝎子爬，绕起来之后一腿定那，一腿子就勾上去了。当时，楼上楼下的人都出来看。我们会里的人说："三弟没给咱乐胜丢脸。"

1958年河东尚师傅坟地同乐高跷，下帖请我们，就在小树林立交桥把角儿那儿。人家老前辈坐着都看着，你没有玩意儿不行，人家武高跷走完了，我们是文的，所以得给人家"下玩意儿出来"。那时候我穿的是米黄裤，黑碳尼衫，鹰嘴洒鞋轮带底子。我没有带垫儿去，玩得卖力气，小腿的血都透过来了。那阵儿我上公子，在那儿落个"活公子"的名声。

1969年，正值"文革"期间，为迎接中国共产党第九次全国代表大会，我们穿着解放军的服装帽子出了一次会，拿着主席像，从尚师傅坟地到百货公司出会，后面还有穿工农兵服装的和少数民族打扮的。手上手彩儿也变成了榔头、斧子、长枪，表演内容和走法保持原样，但是会里的服装不让穿，号佛也没有了。化妆只不过把脸画画，都是素脸，点个红点。其实也就是走着扭，玩不了，拿着榔头、斧子怎么玩。当时一个干建筑的单位想出这会，联系找人，现做的腿子，就这么出来的。

我自己用劲最大的一次表演，在第三文化宫。我那年45岁，身强力壮，我打了五路棒，喘都不喘，晚上各会都在那儿看，给我照了很多相。来四角子四个角不能都一样，这边倒墩儿，那边轧草，这儿角蝎子爬，那儿角斜么脚，当中间儿八下反五下，八下是压底儿的玩意儿。那天我打了《串五门》和《醉打三门》，当时围观的人很多，都"灌满堂"了。

1988年，我们参与拍摄过一部叫《闯江湖》的电影，是天津电影制片厂拍的，我们主要演的是电影里的一个少爷在家里招堂会的场面。电影《闯江湖》有我的镜头。我演的棒槌，导演一看就"哎哟"了一声，直说"那穿黑衣裳（棒槌服装颜色是黑色）的动作利索极了"。定的是半夜12点拍电影，但我们从下午4点就已经开始化妆了。刚开始，我们按照惯例上了俊脸，导演一看说不行，要淡装，俊脸一上镜头不好看了，色太深了，最后我们把脸洗了重化的。我们拍这个电影基本上算是义务（免费）的，一共给100块，还不够出会的挑费，个人手里落不到一分钱。但大家都觉得挺高兴，觉得这事儿"挺洋气"，能上电影。但最重要的是，天津那么多会偏偏选了我们，这是我们会的荣誉。那天拍完很晚了，百十来号人饿着，我自己掏钱去点心铺给大伙儿买东西吃。玩会这玩意儿，没有和人家划价、跟人家要钱的，一划价就坏了，要钱就不值钱了，能出的了就能玩得起。

4. 我是会头

我是20世纪80年代的会头，当时，谁能立起来会，谁就是会头。70年代末"文革"刚过，全龄是第一个重新立起来的会，第二个是乐胜，请我在乐胜当棒槌，请我弟李凤年上公子。可我是同乐的人，门口有人说："凭你们哥俩把会弄起来吧。"就这一句话，我们就开始干。复会的时候，我带着徐金生和李凤年，走了几十家，都是以前会里的老人。大家伙还是支持的，早就听见跑场练，帖一到就知道要钱来了。二话不说，给钱。给多别嫌多，给少别嫌少，就是捧会。我当时去敛钱的时候，一进去嘛不用说，都赁辈，小辈喊：爷们，咱们这个会立起来了。把帖一递，就让我们等着，拿钱去了。按当时的条件大家一般最多十块、二十块，有给五块的，总之不空手。"我爷爷玩会，我们又不玩会，还跟我们要钱。"这样的话，没人敢说。有时候出会，门口一带的街坊就在底下递五块、十块。总共敛了两三千块钱，把会立起来了。

老当益壮

管理会不好管，到处都得用策略，别看我没文化。我们在鼓楼出会那次，提前得上香，然后号佛，当时人不够，我们能唱的都上角儿了，把一个爱闹事儿的调过来，我不提前告诉他干嘛，不然他不好好唱。上完香后把他喊过来，告诉他哪个角，赶紧号佛。当时他没敢走，老实唱了。

最大的难处是我又上棒槌又得操心各方面事都得办利索，一个是给大家收拾行头，看上角的该穿嘛该带嘛，好些人会演，但丝绦板带都不会绑；另一个是善后，看谁东西齐没齐，得把人弄利索了。要是看着谁不在，差人找。有的临时来信说家里有事来不了，我得去叫，有事没事也得出来。都齐了，最后我才能包头打脸，给包头的打点一下才能出来。

作为会头，谁卖力气得看在眼里，把好处给别人，会头就应该吃亏。借人家房子给会里包头，吃了人家人情，到时候随人情都是我的事情。20世纪70年代末我分了一个比较大的房子，在天拖，但是后来为了玩会，我拿这房子换了一套小房子，还在原来老门口上那地界。那时候我是会头，东西都在我手里，要是我住的远，别人想玩玩不了，起码在那门口得给一个面儿。会头也不是随便当的，我一走了，大伙还想着。说白了，就是不付出别人不会支持你。

为了把会里的东西捐出去没少操心，原来在鼓楼好些东西，一拆迁没地方搁，特别是高凳，谁家也没地方，复制的让我都给劈了，就剩一个老的。那些都是我置办的，没人敢说。我也疼得慌，没办法。当初寻这些料，都是通过朋友雇人做。做完，我拿砂纸打磨好几天，攒腻子，油两遍，干了以后上一遍清漆。费那么大劲，我能不疼吗？为了这套东西，前前后后走多少脑子，跑多少道。可我也不想给我儿子留着，那不散了嘛？别人信这信那，我嘛也不信。"信则有，不信则无。"只要心搁正了，走遍天下，你要搁咯吱窝里就坏了。

我总说我们的会可惜了，有历史也有技艺，但就是没人了。可惜了我这点儿东西，这点玩意儿。我有几个想法，想把我们这会恢复起来。一个是建议天后宫弄一个少年武术队，先招一帮小孩们练武，不用天天练高跷，一个礼拜两回就行，小孩儿一旦有那素质了，在底下练嘛到腿上有嘛。有时我一看别家会一帮人在那瞎蹦跶，我心里疼得慌，我心想在我手底下，我肯定给正规地拨弄出来，个个是玩意儿。要真正的十八九岁的一群孩子，先教动作，一个礼拜两次，三个月我让他们成型。要是三十多岁的来，都油了，散漫，一准练不好。再一个，我建议登报招一部分相对年轻的高跷爱好者。据我所知，现在玩会的最小的

李凤龄在曾经就读的中营小学前留影，学校面貌一新

135

都四十挂零了，业余时间练两个钟点。当然，最好的情况是能来多点人，我们从里面选。和过去一样，一个角色至少得有俩人，选一个。他要有事，就耽误了，嘛玩意都选双的。没办法，我就玩这个玩意精神头儿大。

附录一

中营后同乐高跷老会部分会员名单（据李凤龄口述）

时间	姓名	角色	职务
清朝	郝洪年	无	会头
	周少亭	无	会头
	周二爷	无	会头
	刘五爷	无	包头
约20世纪初-30年代	刘全×（大苦累）	锣、鼓	
	郝学林	不详	
	郝成林	不详	会头
	老王二	鼓	会头
	周少新	老坐子	
	孙三爷	鼓	
	孙四爷	锣	
	孙五爷	锣	
	叶恩甫	棒槌	
	王七	英哥、棒槌	
	郑洪年	老坐子	
	果大×	樵夫	
约20世纪40-50年代	陆文汉	白杆	
	王金榜	公子	
	王金坡	渔翁	
	王洪年	傻妈妈	
	朱大爷	傻儿子	
	刘晓童	傻妈妈	
	王文澡	头锣、二锣	会头
	郭金立	无	出会会头
	刘金铃	青杆	出会会头
	田玉亭	公子	出会会头
	刘铁儿	青杆、二锣	

（续）

约20世纪50-60年代	王文澡大哥	头锣	
	叶恩亭	头鼓	
	张凤鸣	二鼓	
	王三	二锣	
	杜光明	老座子、傻妈妈	
	李凤云	二鼓	会头
	杨希弟	不详	
	杨希增	不详	
	李凤年	白杆、锣鼓、樵夫、渔翁等	
	王学刚	棒槌、头锣	
	王学前	英哥	
	李志勇	老坐子	
	肖洪华	老坐子	
	张晓燕	老坐子、傻妈妈	
	刘文汉	傻妈妈	
	张晓传	傻儿子	
	张万德	樵夫	
	李素华	樵夫	
	王士起	白杆	
	王文生	白杆	
	蒋耀武	青杆	
	吕文治	青杆	
	董伯年	渔翁	
	陈通	渔翁、英哥	
	李仲山	渔翁	
	李素森	棒槌、公子	
	陈老实	英哥	
	李学刚	头锣	

（续）

	梅大齐	头鼓	
	李保平	青杆	
	李保华	渔翁	
	李保祥	头锣	
	侯中山	头鼓	
	曹洪勋	二鼓	
	孔令元	头锣	
	陈子明	头锣	
	郑洪林	二锣	
	尚洪林	头锣	
20世纪80年代后	李明	英哥	
	赵连起	傻儿子	
	李凤龄	头棒、公子	会头
	王仁才	青杆	
	杨杏村	渔翁	
	徐金生	青杆、头锣	
	周文海	青杆	
	史建林	老坐子	
	马福勇	傻儿子	
	张瑞东	樵夫	
	顾振勇	头鼓	
	王海富	锣、老坐子、傻妈妈	
	王学增	二锣	
	田西强	英哥	
	田西臣	二鼓	

附录二
中营后同乐高跷老会相关方言称谓

1. 下处：一般指会所，此处泛指皇会期间在天后宫向商铺所借用的临时落脚点。

2. 扣锣：停止出会的意思。

3. 压茬：镇得住，形容人有威望尊严。

4. 拿糖：出会前不提前打招呼，临出会借故不参加，意在刁难会中负责人。

5. 马子：年画一种，多地称呼各有不同，又称为纸马、甲马。

6. 缠磨：纠缠不清。

7. 现世：丢人现眼。

8. 蝎子爬：高跷表演阵势之一，以手代步，腿子高高翘起，好似蟹子的尾巴，西码头百忍京秧歌老会的绝活儿。

9. 抢棒：象征性地把对方棒槌抢过来，实际上是感谢对方辛苦，请对方早些收起棒槌，赶快休息的意思。

10. 叼刷子：为了显示老会的年代和身份，常常要选择留着胡子的老人，出会时他们要打扮得体，最好着长袍马褂，走在队伍最前方充当门面。

11. 摆和(huo)：形容人巧言善辩，能说会道。

12. 惹惹：好事之人。

13. 跟手：随后，立刻的意思。

14. 打脸：指化妆和做造型。

15. 包头：泛指出会前的化妆及造型。

16. 过水：将物件重新油漆粉刷。

17. 换：重新置办物品的意思

18.救兑：救济，给于支援。

19.过交情：形容交情很深。

20.下一场：表演一场。

21.糖堆儿：冰糖葫芦。

22.拿大顶：倒立。

23.虎势：形容人身体健壮，有力量。

24.鲜货：水果类的统称。

25.宽和：生活相对富裕。

26.冬底下：泛指过年前的2～3个月时间。

27.落（lào）好：获得好评和称赞。

28.下玩艺儿出来：把身上的技艺展现出来。

29.灌满堂：形容技艺高超，得到全场人的一致认可和赞赏。

30.大害：形容伤害巨大。

后记

　　在2013年10月天津大学冯骥才文学艺术研究院举办的天津皇会文化
展中有一个黑色空间——一道即将消失的老会，展出的即是中营后同乐
高跷老会遗留的服装以及道具。中营后同乐高跷老会前身为京城紫云高
跷，立会于乾隆五年，距今有二百余年。14位角色演绎的是水泊梁山英
雄聚义的故事，有严格的技艺规范和完整的传统唱词。同乐老会有绝活
儿"架骆驼"，演员层层相叠仍可前行，人称"活骆驼"，鼎盛时期的
老会曾参加过北方最大规模的游神赛会——天津皇会。

　　谈起老会从前的风光，会中老人儿神采奕奕，只是一个细节，便让
大家叹服。从前能在高跷会上角色是十分荣耀的事儿，而市民对高跷演
员的喜爱不亚于今天的各种粉丝、追星族。高跷会从来只有男演员，那
时，每当同乐高跷出会时，表演队伍后面总有年轻姑娘跟随，不时指点
里面英俊的后生。一直到下了会进了会所卸了妆，会里老人儿总要叮嘱
小伙子们不许马上出去，以免惹事儿，直等到姑娘们都散了，小伙子们
才偷摸回家。

　　然而，高跷的盛世已经过去，如今老会成员逐渐衰老离世，健在的几
位老人儿传承乏力，只能眼看老会凋零。虽然空余遗物，让人伤感，但是
在这多年的拆迁转手中，老会的服装、头面、腿子、手彩儿、印章、老相
册都完好保存下来，作为一个没有会所的老会来说，已属难得，但是同乐
老会的活态传承已然不可能了。冯骥才先生特为老会做对联：

　　　　忆往昔同乐绝艺龙飞凤舞称雄滨海

　　　　叹今朝老会失援偃旗息鼓何力回天

中营后同乐高跷老会的展览，像一座悬在民间文化工作者头上的警钟，为避免人亡艺绝的再度发生，保护活态传承中的老会是当务之急。

在我们课题组对同乐老会长达两年的访谈过程中，与会中老艺人往来频繁，关系也变得亲近和熟络，老人们身上留有旧时老会的规矩和做派，给我们今天的年轻人以新鲜、陌生有时甚至是叹为观止的体验。老会人身上倔强的性格为采访的过程凭添了很多压力，但今日回首，恰恰是这种性格，才让老会把精气神留存到了今天。

此书凝结了关于老会的深情的历史记忆，是一卷鲜活的文化档案。所有为追寻渐行渐远的历史声音而付出心血与热情的参与人员，本身将成为这段文化记忆不可分割的一部分。

2014年6月

于天津大学冯骥才文学艺术研究院

图书在版编目（CIP）数据

中营后同乐高跷老会／蒲娇，唐娜著．—济南：
山东教育出版社，2014

（天津皇会文化遗产档案／冯骥才主编）
ISBN 978-7-5328-8505-3

I.①中… II.①蒲… ②唐… III.①风俗习惯-
史料-天津市 IV.①K892.421

中国版本图书馆CIP数据核字（2014）第153099号

天津皇会文化遗产档案丛书
中营后同乐高跷老会

冯骥才 主编

主　管：山东出版传媒股份有限公司

出版者：山东教育出版社

　　　　（济南市纬一路321号　邮编：250001）

电　话：(0531)82092664　传真：(0531)82092625

网　址：http://www.sjs.com.cn

发行者：山东教育出版社

印　刷：山东临沂新华印刷物流集团有限责任公司

版　次：2014年6月第1版第1次印刷

规　格：787mm×1092mm　16开本

印　张：9.75印张

字　数：121千字

书　号：ISBN 978-7-5328-8505-3

定　价：65.00元

（如印装质量有问题，请与印刷厂联系调换）
印厂电话：0539-2925659